생각의 나이테

초등한자

- 한자어휘와 연결 고리로 어휘력을 키우는 한자 학습
- 부수와 간체자, 중국어 발음표기로 한자 학습 기초 다지기
- 인터넷 동영상을 통한 자기 주도적 학습

1 단계

AIHC 한자교육평가원

일러두기

Play 스토어에서 QR Droid Private을 설치하신 후 위의 QR코드를 스캔해 보세요. 글샘교육의 다양한 무료컨텐츠를 만나보실 수 있습니다.

양질의 토양위에 뿌리와 줄기와 꽃, 잎, 열매로 구성된 한그루의 튼실한 나무처럼 한자공부의 밑거름이 되어 줄 알차고 튼튼한 구성을 알아봅시다.

이야기로 배우는 한자

'뒷동산 할미꽃', '한 번 밖에 명령을 못하는 임금님' 이야기를 읽어가면서 생각을 키우고 한자를 자연스럽게 익힐 수 있도록 하였습니다.

새로 배우는 한자와 이미 배운 한자

- 소단원에서 배우게 되는 새로운 한자와 음훈을 한 눈에 볼 수 있습니다.
- 이미 배운 한자는 앞 단계에서 배운 한자와 음훈을 수록하였습니다.

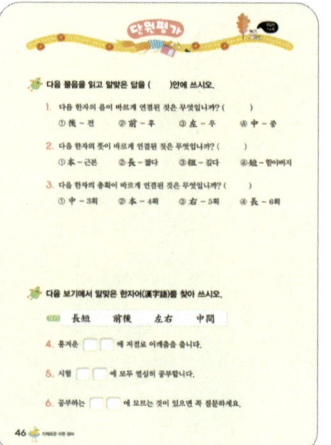

수행평가

각 소단위 학습을 마친 후 문제를 풀어 봄으로써 학습의 성취도를 알 수 있도록 하였습니다.

단원평가

단원 학습을 마친 후 다양한 문제 풀이를 해 봄으로써 배운 내용들을 꼼꼼히 정리하고 이해를 다질 수 있게 하였습니다.

생각 키우기

어휘의 신장과 사고력을 높이기 위하여 놀이마당에서는 여러 형태의 놀이를 제시하고 만화로 엮은 사자성어로 재미있게 읽을거리를 마련하였습니다.

① 한자 기본 익히기

한자 공부의 기본인 훈음, 부수, 총획수 이외에도 중국에서 사용하는 간체자와 발음(병음)을 표기하여 좀 더 깊이 있고 다양한 지식 습득이 가능하게 하였습니다.

② 한자 삽화

삽화를 보며 한자의 원리를 생각할 수 있게 하였습니다.

③ 한자 어원

한자가 만들어지게 된 과정을 설명하고 그림으로 보여줌으로서 한자에 대해 쉽게 이해하고 기초 지식을 튼튼히 할 수 있도록 하였습니다.

④ 한자 용례

초등학교 교과서에서 가장 많이 활용하는 단어를 중심으로 용례를 제시하여 한자의 의미를 더 친숙하게 기억하고 독서논술에 활용할 수 있도록 하였습니다.

⑤ 활용 문장

한자의 활용을 통해 한자의 다양한 쓰임과 한자어의 의미를 자연스럽게 익혀 독서논술에 활용할 수 있도록 하였습니다.

⑥ 한자 쓰기

새로 배운 한자를 필순에 따라 쓸 수 있도록 하였습니다.

본 교재는 어린이들이 좋아하는 옛날이야기 중에서 孝(효)와 禮(예)와 관련된 것을 초등학교 교육용 한자를 바탕으로 재구성하였다. 이는 한자 공부에 대한 학습 흥미를 가지고 접근하도록 하는 한편, 이야기에 나오는 한자·한자어·한자 어구를 익혀, 일상 언어생활을 풍부하게 하며 더 나아가서 자신의 의견이나 생각을 논리적으로 표현할 수 있는 논술력의 바탕을 기르고자 함에 있다. 또한 이야기를 통하여 인성 교육의 바탕이 되는 孝(효)와 禮(예)의 근본정신을 가르치고자 한다.

1) 孝(효)와 禮(예)와 관련된 옛날이야기를 읽기와 동영상을 통하여 한자에 대한 흥미를 갖는다.
2) 이야기와 관련된 한자 및 한자어의 음과 훈을 바르게 읽고 쓸 수 있다.
3) 한자어의 뜻을 알고 사용 용례의 공부를 통하여 풍부한 어휘력과 문장력을 기른다.
4) 간단한 간체자 및 한자의 중국어 발음을 통하여 세계화 시대의 다양한 학습 경험을 접한다.
5) 수행평가 및 단원 평가를 해결하는 과정에서 자기 주도적 학습력을 기른다.
6) 만화 사자성어를 통하여 한자 어구에 대한 간결명료한 표현 방법을 배우고 활용할 수 있다.
7) 재미있고 다양한 한자 게임을 통하여 배운 한자를 심화 학습한다.

권별 구성

	1 단계	2 단계	3 단계	4 단계	5 단계	6 단계
내용	\multicolumn{6}{l}{• 재구성된 옛날이야기에 나오는 한자의 뜻을 이해하고, 한자 공부에 대한 학습에 흥미를 갖도록 한다. • 단원별 이야기에 나오는 한자의 음과 훈을 알고 필순에 맞게 쓰도록 한다. • 한자어의 뜻을 바르게 이해하고 활용 사례를 익힌다. • 한자의 간체자를 써 보고 중국어로 발음하여 본다. • 단원별 이야기를 읽고 나의 생활 경험에 비추어 반성하여 본다.}

주안점	• 이야기 관련 한자어 및 한자를 배우고 바르게 사용하기 • 이야기와 관련하여 느낀 점을 친구들과 말하여 보고 나의 생활 반성하기					
	음과 훈 읽기	음과 훈을 읽고 필순에 맞게 따라 쓰기		음과 훈을 읽고 필순에 맞게 외워 쓰기		한자로 문장 만들기

	1 단계	2 단계	3 단계		4 단계		5 단계		6 단계	
시간수	30	30	3-1	15	4-1	15	5-1	15	6-1	15
			3-2	15	4-2	15	5-2	15	6-2	15
새로 배울 한자수	60	60	3-1	60	4-1	60	5-1	60	6-1	60
			3-2	60	4-2	60	5-2	60	6-2	60
새로 배운 한자누계	60	120	240		360		480		600	

책의 특징

① 우리 조상들은 자녀들의 인성교육을 할 때 이야기를 들려줌으로써 그 속에 담겨있는 의미를 깨닫도록 하였습니다. 이러한 조상들의 슬기와 지혜가 담겨있는 이야기 중에서 효와 예와 관련한 내용을 중심으로 한자와 인성 교육이 병행되도록 재구성하였습니다.

② 효와 예에 관련하여 전해오는 이야기에 의도적으로 한자나 한자어를 삽입함으로써, 이를 반복하여 읽는 가운데 한자와 한자어의 뜻을 습득하고 생각을 키워서 독서 논술 능력을 높여 우리의 전통 문학을 이해하여 학습의욕을 북돋울 수 있도록 하였습니다.

③ 한자의 어원을 그림에서 출발하여 글자가 이루어지는 과정을 자세히 제시하고 한자가 일상생활의 필요에 의하여 만들어졌음을 이해하여, 한자를 암기하는 공부가 아니라 생각을 키워가는 학습이 되도록 하였습니다.

④ 이야기에 나오는 새로운 한자의 훈과 음, 부수, 총 획수 등을 알고 그 뜻을 정확히 이해한 후 일상생활에 사용할 수 있도록 활용 문장을 제시하였으며, 한자를 필순에 맞게 써 볼 수 있도록 필순 전체의 모양과 획순을 제시하였습니다.

⑤ 이야기 내용에 나오는 한자와 관련한 사자성어 만화를 통하여 일상생활에서 간단명료하게 자신의 뜻을 전달할 수 있도록 하였으며, 참고로 간체자 및 중국어 표기 등을 수록하여 다양한 학습을 접할 수 있는 기회를 제공하였습니다.

⑥ 소단원 학습 마지막 차시에는 수행평가, 대단원 학습을 마칠 때는 단원 평가를 통하여 학습 내용을 스스로 평가하여 보는 자기 주도적 학습 기회를 제공하였으며, 더 나아가서 단원에서 배운 한자를 쉽고 재미있는 게임 과정을 통하여 심화할 수 있도록 하였습니다.

⑦ 한자를 쉽고 재미있게 공부할 수 있도록 이 책과는 별도로 동영상 콘텐츠를 개발하여 한자와 연계된 중국어 및 간체자까지 이해할 수 있는 일거양득의 효과를 거둘 수 있게 하였습니다.

초등한자

QR 코드를 찍어서 신나는 한자 노래를 만나보아요

1 女	2 子	3 父	4 母	5 羊
여자 녀(여)	아들 자	아버지 부	어머니 모	양 양
6 口	7 自	8 己	9 心	10 身
입 구	스스로 자	몸 기	마음 심	몸 신
11 生	12 水	13 百	14 日	15 魚
날,살 생	물 수	일백 백	날,해 일	물고기 어
16 夫	17 手	18 足	19 白	20 米
남편 부	손 수	발 족	흰 백	쌀 미
21 火	22 田	23 士	24 金	25 耳
불 화	밭 전	선비 사	쇠 금, 성 김	귀 이
26 目	27 人	28 力	29 牛	30 馬
눈 목	사람 인	힘 력(역)	소 우	말 마

초등한자

1단계

번호	한자	훈음
31	一	한 일
32	二	두 이
33	三	석 삼
34	四	넉 사
35	五	다섯 오
36	六	여섯 륙(육)
37	七	일곱 칠
38	八	여덟 팔
39	月	달 월
40	老	늙을 로(노)
41	大	큰 대
42	門	문 문
43	九	아홉 구
44	十	열 십
45	千	일천 천
46	示	보일 시
47	石	돌 석
48	工	장인 공
49	山	메, 산 산
50	川	내, 개울 천
51	小	작을 소
52	臣	신하 신
53	不	아닐 불, 부
54	非	아닐 비
55	木	나무 목
56	首	머리 수
57	太	클 태
58	土	흙 토
59	毛	털 모
60	犬	개 견

QR 코드를 찍어서 신나는 한자 노래를 만나보아요

1단계

뒷동산 할미꽃

1. 어여쁘게 자라나는 세 딸들 — 10
2. 두 딸의 혼인 — 30
3. 한떨기 수선화 막내딸 — 48
4. 실망스런 첫째딸 — 68
5. 보고싶은 막내야! — 86

한 번 밖에 명령을 못하는 임금님

106

- 한자색인목록 — 125
- 사자성어, 반의어, 동의어, 동음이의어 — 126
- 수행평가 및 단원평가 정답 — 128
- 214字 부수(部首) 일람표 — 130
- 판별지 — 133

1 어여쁘게 자라나는 세 딸들

- 부모, 여자 등의 한자어 및 이야기 관련 한자를 공부해 봅시다.
- 마을 사람들에게 칭찬받는 세 딸의 행동을 본받아 봅시다.

QR을 찍으면 구연동화로 재생 됩니다.

옛날에 딸 셋을 데리고 어렵게 살아가는 어머니가 있었습니다. 비록 가난하였지만 세 딸들은 동네 女子(여자) 아이들 가운데에서도 마음씨가 고왔습니다.
女子(여자) : 여성인 사람

또한 父母(부모)가 모두 계시는 다른 아이들보다 더 예의가 반듯하였습니다.
父母(부모) : 아버지와 어머니

羊(양)같이 순하고 착하여 마을 사람들은 입[口(구)]을 모아 칭찬을 아끼지 않았습니다.

어머니는 누구의 도움도 받지 않고 自己(자기) 혼자의 노력으로 딸들을 키우느라
自己(자기) : 나, 본인

心身(심신)이 힘들었지만, 어여쁘게 자라나는 딸들을 보고 있노라면
心身(심신) : 마음과 몸

모든 고달픔은 사라지고 마음이 흐뭇하였습니다.

孝(효)는 덕의 근본입니다.
모든 가르침이 여기에서 시작됩니다.

새로 배우는 한자

女	子	父	母	羊
여자 녀(여)	아들 자	아버지 부	어머니 모	양 양
口	自	己	心	身
입 구	스스로 자	몸 기	마음 심	몸 신

여자 녀(여)

女부 0획 (총3획)

女　中 nǚ　반의어 男(남자 남)

두 손을 모으고 앉아 있는 여자 모양을 본떠서 '여자 녀'

한자어의 뜻과 활용을 알아 봅시다.

- **女**王(여왕) : 여자 임금. (王 : 임금 왕)
  - 5월은 계절의 **女**王(여왕)이라고 합니다.

- **女**人(여인) : 성년이 된 여자. (人 : 사람 인)
  - 그 **女**人(여인)은 본 것을 자세히 말하였습니다.

한자의 뜻과 음을 읽어보고 순서에 따라 써 봅시다.

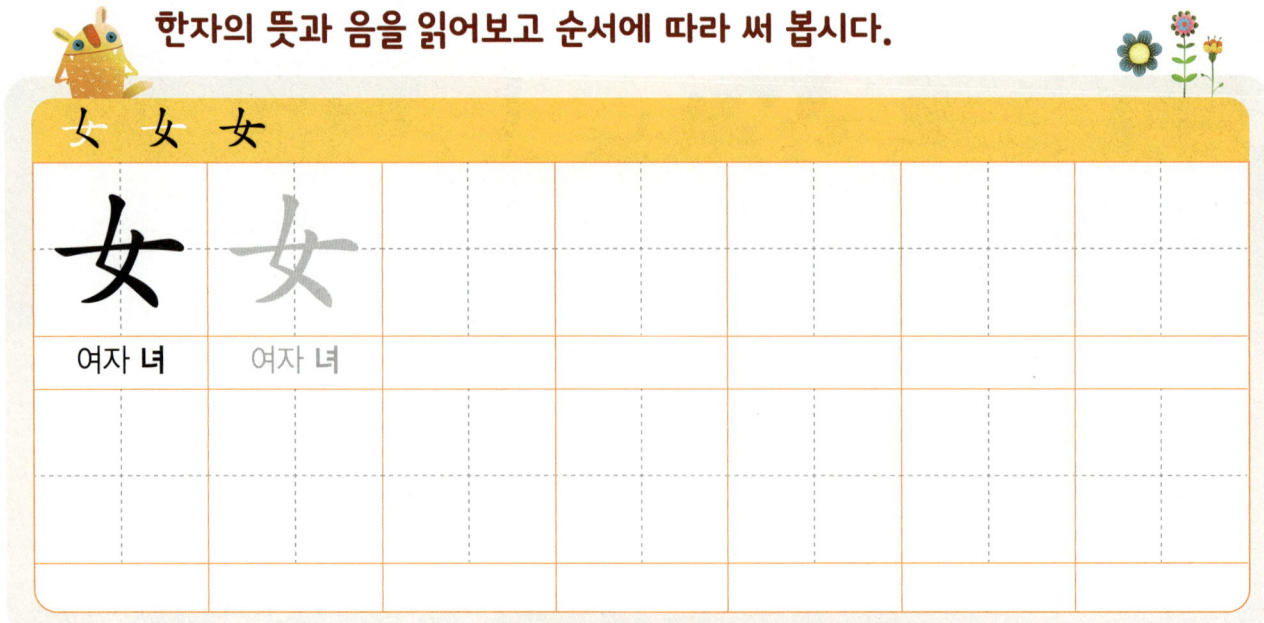

 1. 어여쁘게 자라나는 세 딸들

 아들 자

子부 0획 (총3획)

子 中 zǐ, zi

어린 아이가 두 팔을 벌린 모습을 본떠서 '아들 자'

한자어의 뜻과 활용을 알아 봅시다.

- **女子(여자)** : 여성. (女 : 여자 녀)
  - 우리 집은 **女子(여자)**가 두명입니다.

- **子女(자녀)** : 아들과 딸. (女 : 여자 녀)
  - 부모와 **子女(자녀)**가 같은 책을 읽고 이야기를 나누면 효과가 좋습니다.

한자의 뜻과 음을 읽어보고 순서에 따라 써 봅시다.

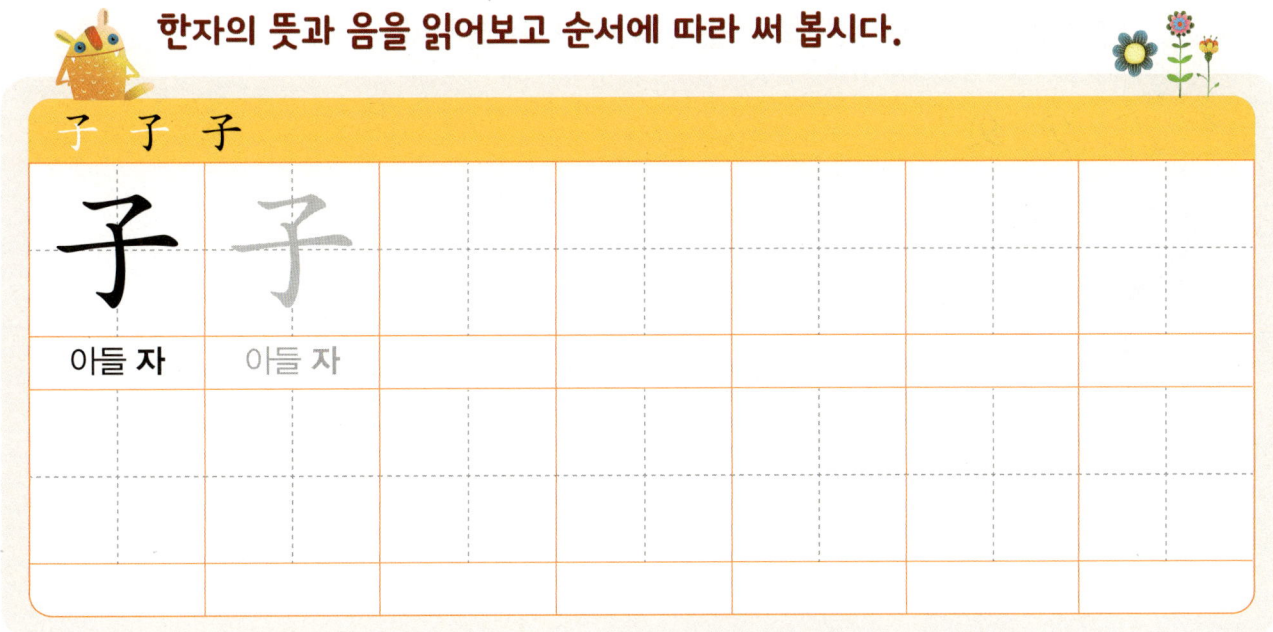

1. 어여쁘게 자라나는 세 딸들

아버지 부

父부 0획 (총4획)

父 中 fù   반의어 母(어머니 모)

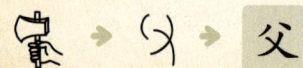

사람이 알아야 할 것을 나누어(八) 어질게(乂) 가르치는 분이니 '아버지 부'
- 八(여덟 팔, 나눌 팔), 乂(벨 예, 다스릴 예, 어질 예)

한자어의 뜻과 활용을 알아 봅시다.

- **父母(부모)** : 아버지와 어머니. (母 : 어머니 모)
  - 유석이 父母(부모)님은 아침 일찍 직장에 나가십니다.

- **父子(부자)** : 아버지와 아들. (子 : 아들 자)
  - 선생님께서 '父子(부자) 캠프'에 참가할 사람은 신청서를 내라고 하셨습니다.

한자의 뜻과 음을 읽어보고 순서에 따라 써 봅시다.

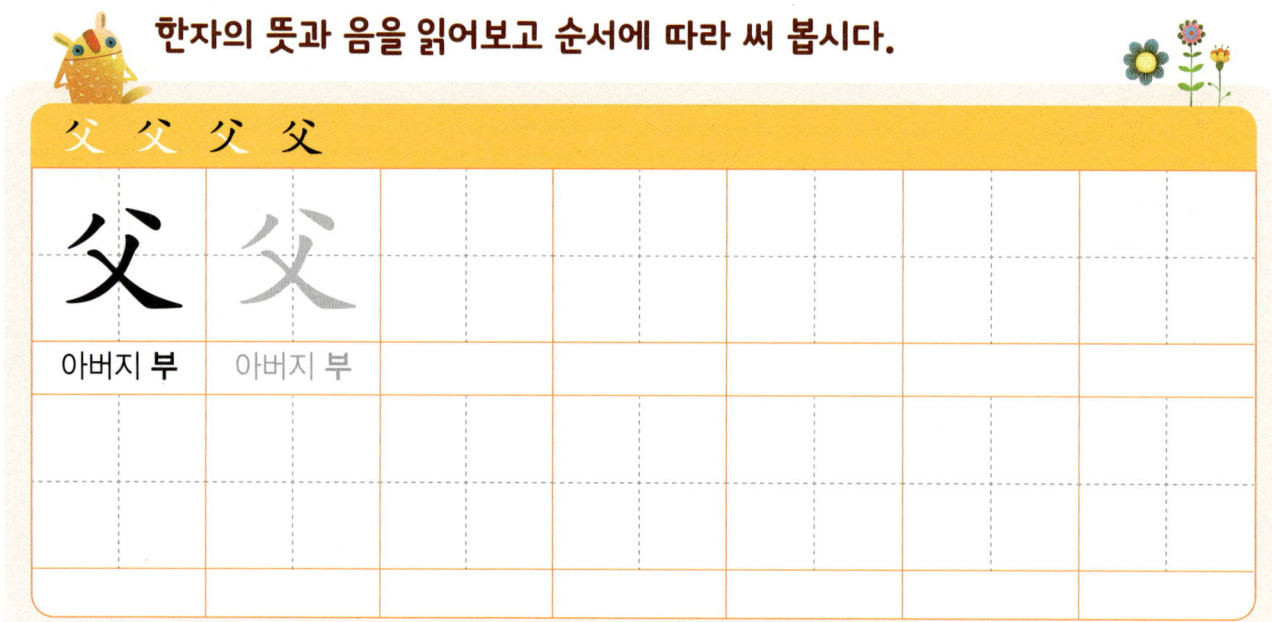

뒷동산 할미꽃

 1. 어여쁘게 자라나는 세 딸들

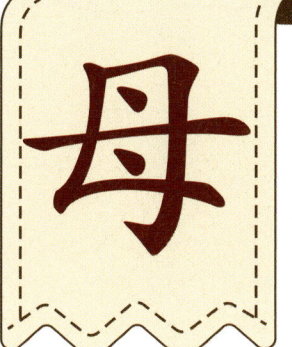

어머니 모

母부 0획 (총5획)

母 ㊥ mǔ

母 → 母 → 母

여자(女)가 젖(:)을 드러낸 모습이니 '어머니 모'
- 女(여자 녀)

한자어의 뜻과 활용을 알아 봅시다.

뜻 / 활용

- **姑母**(고모) : 아버지의 누이. (姑 : 시어머니 고)
  - 연희는 **姑母**(고모)와 함께 민속촌에 갔습니다.

- **母女**(모녀) : 어머니와 딸. (女 : 여자 녀)
  - 어머니와 딸은 **母女**(모녀) 관계입니다.

한자의 뜻과 음을 읽어보고 순서에 따라 써 봅시다.

上 母 母 母 母					
母 어머니 모	母 어머니 모				

1. 어여쁘게 자라나는 세 딸들

 다음 그림에 알맞은 한자(漢字)를 연결하여 봅시다.

1.  • • ㉠ 女

2.  • • ㉡ 子

🐦 배운 한자(漢字)를 복습해 봅시다.

3. 女의 뜻은 [ ] 이고, [ ] 라고 읽습니다.
4. 子의 뜻은 [ ] 이고, [ ] 라고 읽습니다.
5. 父의 뜻은 [ ] 이고, [ ] 라고 읽습니다.
6. 母의 뜻은 [ ] 이고, [ ] 라고 읽습니다.

🐦 다음 글을 읽고 밑줄 그은 한자어(漢字語)의 음을 써 봅시다.

7. 우리반은 **女子** [ ] 가 남자보다 많습니다.
8. 나의 **父母** [ ] 님은 무척 부지런하십니다.

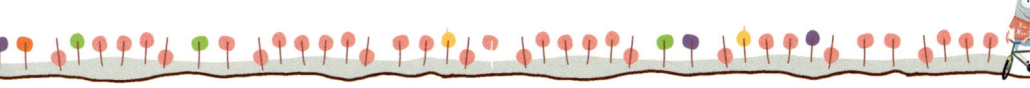

1. 어여쁘게 자라나는 세 딸들

다음 한자를 넣어서 한자어(漢字語)를 만들어 봅시다.

9. 女 (여자 녀) → 少 (적을 소) ___ (여자 녀) 　仙 (신선 선) ___ (여자 녀)

10. 子 (아들 자) → 父 (아버지 부) ___ (아들 자) 　母 (어머니 모) ___ (아들 자)

본 단원에서 배운 한자어(漢字語)를 이용하여 짧은 글을 지어 봅시다.

女子

양 양

羊부 0획 (총6획)

羊 中 yáng

앞에서 바라본 양의 모습이니 '양 양'

한자어의 뜻과 활용을 알아 봅시다.

- 羊毛(양모) : 양의 털. 모직물의 원료. (毛 : 털 모)
  - 羊毛(양모)로 만든 옷은 따뜻합니다.
- 山羊(산양) : 산에서 사는 염소. (山 : 메, 산 산)
  - 그 골짜기에는 山羊(산양)을 기르는 곳이 있습니다.

한자의 뜻과 음을 읽어보고 순서에 따라 써 봅시다.

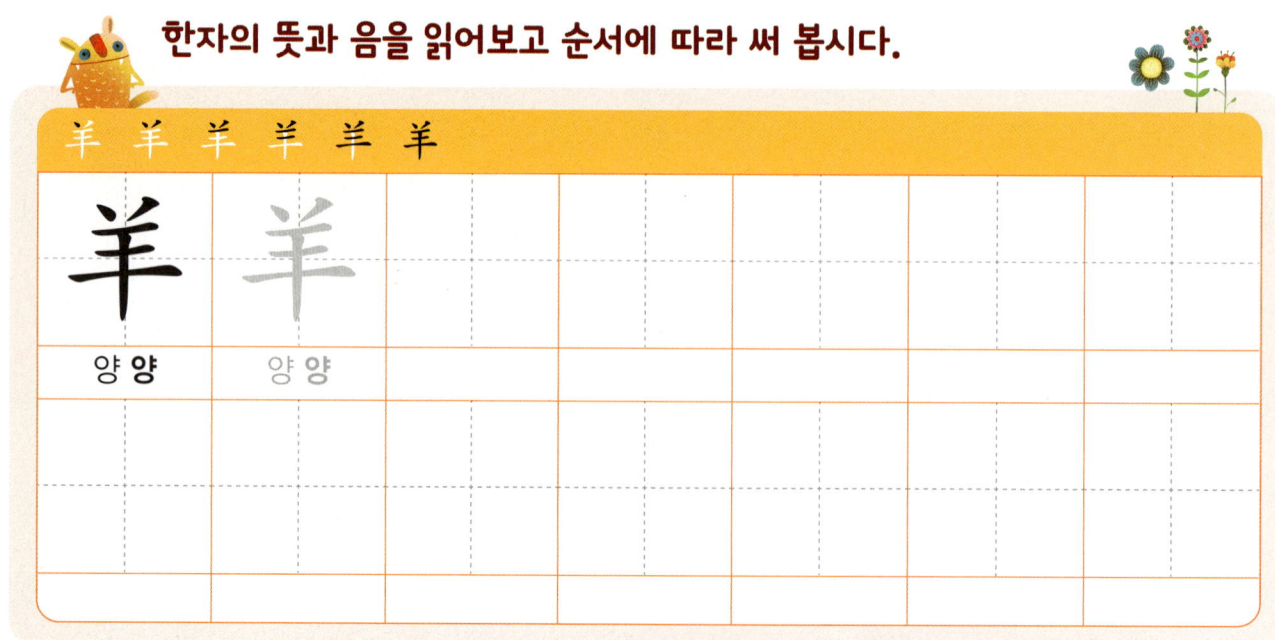

 1. 어여쁘게 자라나는 세 딸들

口 입 구

口부 0획 (총3획)

口 ⊕ kǒu

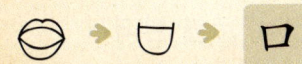

입이나 구멍을 본떠서 '입 구'
- 口(입 구, 말할 구, 구멍 구)

한자어의 뜻과 활용을 알아 봅시다.

- **出入口**(출입구) : 나오고 들어오는 구멍. (出 : 날 출, 入 : 들 입)
  – 경기장에 많은 사람이 모여 **出入口**(출입구)가 혼잡합니다.

- **人口**(인구) : 통계로 파악되는 사람의 총수. (人 : 사람 인)
  – 세계 **人口**(인구)의 약 2/3 가 물 부족으로 고통을 겪고 있습니다.

한자의 뜻과 음을 읽어보고 순서에 따라 써 봅시다.

口 口 口							
口 입구	口 입구						

스스로 자

自부 0획 (총6획)

自 中 zì

肖 → 自 → 自

(자기를 가리킬 때는 코 부근을 가리키니) 코를 본떠서 '스스로 자', '자기 자'

한자어의 뜻과 활용을 알아 봅시다.

뜻
활용

- 自身(자신) : 자기. 자기 몸. (身 : 몸 신)
- 말 장수는 自身(자신)이 한 말을 후회하였습니다.

- 自信(자신) : 자기 스스로를 믿음. (信 : 믿을 신)
- 민기는 글짓기에 自信(자신)이 없었습니다.

한자의 뜻과 음을 읽어보고 순서에 따라 써 봅시다.

自 自 自 自 自 自

| 自 | 自 | | | | | |
| 스스로 자 | 스스로 자 | | | | | |

1. 어여쁘게 자라나는 세 딸들

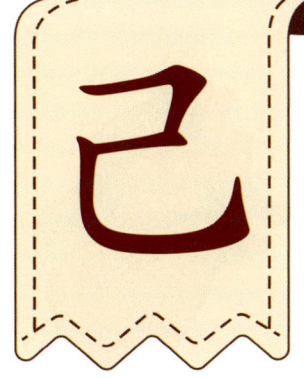

己 몸 기

己부 0획 (총3획)

己 中 jǐ 동의어 身(몸 신)

〿 → ㇈ → 己

사람이 엎드려 절하는 모양에서 '몸 기'
- 己(몸 기, 자기 기)

한자어의 뜻과 활용을 알아 봅시다.

뜻 활용

- 自己(자기) : 나. 본인. (自 : 스스로 자)
  – 새들은 각자 自己(자기)의 소리를 뽐내었습니다.

- 克己(극기) : 자기의 욕망, 감정을 눌러 이김. (克 : 이길 극)
  – 동욱이네 반은 뒷산에서 克己(극기) 훈련을 하였습니다.

한자의 뜻과 음을 읽어보고 순서에 따라 써 봅시다.

己 己 己

己	己					
몸 기	몸 기					

마음 심

心부 0획 (총4획)

心 中 xīn 반의어 身(몸 신)

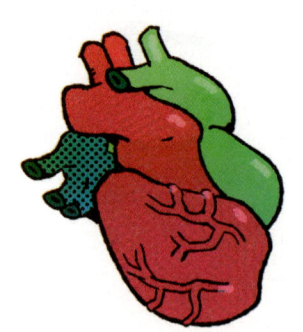

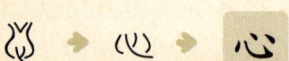 마음이 가슴에 있다고 생각하여 심장을 본떠서 '마음 심'
• 心 = 忄 = (마음 심)

한자어의 뜻과 활용을 알아 봅시다.

뜻
- 心情(심정) : 마음속의 생각과 정. (情 : 뜻 정)
  - "놀부의 心情(심정)은 과연 어떠하였을까요?"

활용
- 決心(결심) : 굳게 먹은 마음. (決 : 결단할 결)
  - 성희는 공부를 열심히 하겠다고 決心(결심)하였습니다.

한자의 뜻과 음을 읽어보고 순서에 따라 써 봅시다.

心 心 心 心

心	心					
마음 심	마음 심					

뒷동산 할미꽃

 1. 어여쁘게 자라나는 세 딸들

身 몸 신

身부 0획 (총7획)

身 中 shēn

아이 밴 여자의 몸을 본떠서 '몸 신'

한자어의 뜻과 활용을 알아 봅시다.

뜻 / 활용

- **身**分(신분) : 사람의 지위나 자격. (分 : 나눌 분)
  - 기와집은 **身**分(신분)이 높은 사람이 살았고 구조도 복잡합니다.

- 心**身**(심신) : 마음과 몸. (心:마음 심)
  - 오랜만에 산에 오르니 心**身**(심신)이 상쾌해졌습니다

한자의 뜻과 음을 읽어보고 순서에 따라 써 봅시다.

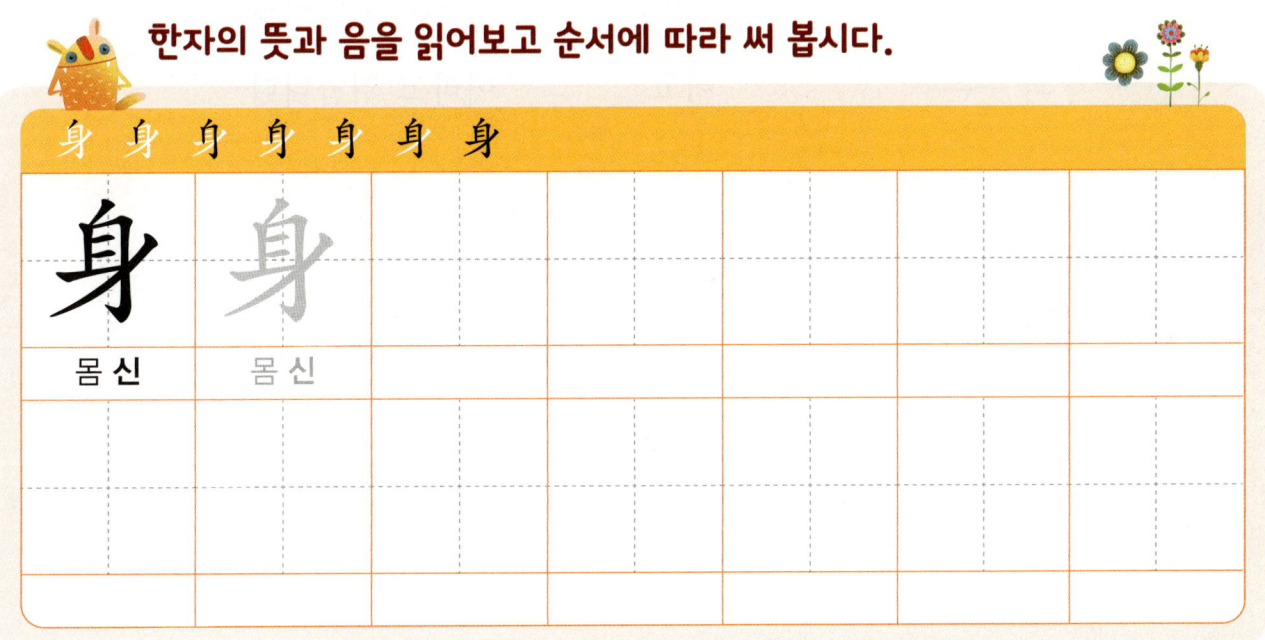

 다음 그림에 알맞은 한자(漢字)를 연결하여 봅시다.

1.  • • ㉠ 羊

2.  • • ㉡ 口

🐦 배운 한자(漢字)를 복습해 봅시다.

3. 自의 뜻은 [ ] 이고, [ ] 라고 읽습니다.
4. 己의 뜻은 [ ] 이고, [ ] 라고 읽습니다.
5. 心의 뜻은 [ ] 이고, [ ] 이라고 읽습니다.
6. 身의 뜻은 [ ] 이고, [ ] 이라고 읽습니다.

🐦 다음 글을 읽고 밑줄 그은 한자어(漢字語)의 음을 써 봅시다.

7. 숙제는 <u>自己</u> [ ] 스스로 해야 합니다.
8. <u>心身</u> [ ] 이 건강한 친구들이 됩시다.

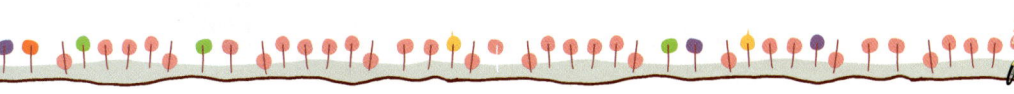

🦉 다음 한자를 넣어서 한자어(漢字語)를 만들어 봅시다.

9. | 口 | → | 入 | | 食 | |
   | 입 구 | | 들 입 | 입 구 | 먹을 식 | 입 구 |

10. | 身 | → | 心 | | 自 | |
    | 몸 신 | | 마음 심 | 몸 신 | 스스로 자 | 몸 신 |

🦉 본 단원에서 배운 한자어(漢字語)를 이용하여 짧은 글을 지어 봅시다.

心身

단원평가

🐦 다음 물음을 읽고 알맞은 답을 ( )안에 쓰시오.

1. 다음 한자의 음이 바르게 연결된 것은 무엇입니까? ( )
   ① 母 - 부   ② 父 - 모   ③ 子 - 녀   ④ 自 - 자

2. 다음 한자의 뜻이 바르게 연결된 것은 무엇입니까? ( )
   ① 羊 - 양   ② 自 - 마음   ③ 心 - 스스로   ④ 身 - 입

3. 다음 한자의 총획이 바르게 연결된 것은 무엇입니까? ( )
   ① 父 - 3획   ② 四 - 4획   ③ 身 - 5획   ④ 自 - 6획

🐦 다음 보기에서 알맞은 한자어(漢字語)를 찾아 쓰시오.

| 보기 | 女子   心身   自己   父母 |

4. ☐☐님께 효도하는 어린이가 됩시다.

5. 귀여운 ☐☐ 아이가 걸어갑니다.

6. 매일 꾸준히 운동해야 ☐☐이 건강해집니다.

 다음 어원(語原)에 해당하는 한자(漢字)를 줄로 이으시오.

7. 어린 아이가 두 팔을 벌린 모습을 본뜬 글자입니다. • ㉠ 女

8. 두 손을 앞으로 모으고 가지런히 앉아있는 여자의 모습을 본 뜬 글자입니다. • ㉡ 子

 다음 뜻을 보고 알맞은 한자어(漢字語)를 찾아 번호를 쓰시오.

9. '몸과 마음'을 나타내는 한자어는 무엇입니까? (   )

　① 父母　　② 女子　　③ 心身　　④ 自己

10. '아버지와 아들'을 나타내는 한자어는 무엇입니까? (   )

　① 父母　　② 父子　　③ 母子　　④ 母女

 다음 글을 읽고 (　　)안에 한자어(漢字語)의 음(音)을 쓰시오.

우리 父母(11.　　)님은 저에게 自己(12.　　) 일을 스스로 하는 멋진 女子(13.　　)가 되라고 하십니다. 그래서 저는 心身(14.　　)이 건강한 사람이 되기 위해 언제나 노력합니다.

색칠하기

다음 그림의 한자(漢字)를 읽고, 한자(漢字)가 나타내는 색으로 색칠하여 봅시다. 어떤 무늬가 나타납니까?
(子 : 빨강, 父 : 노랑, 母 : 보라, 女 : 파랑)

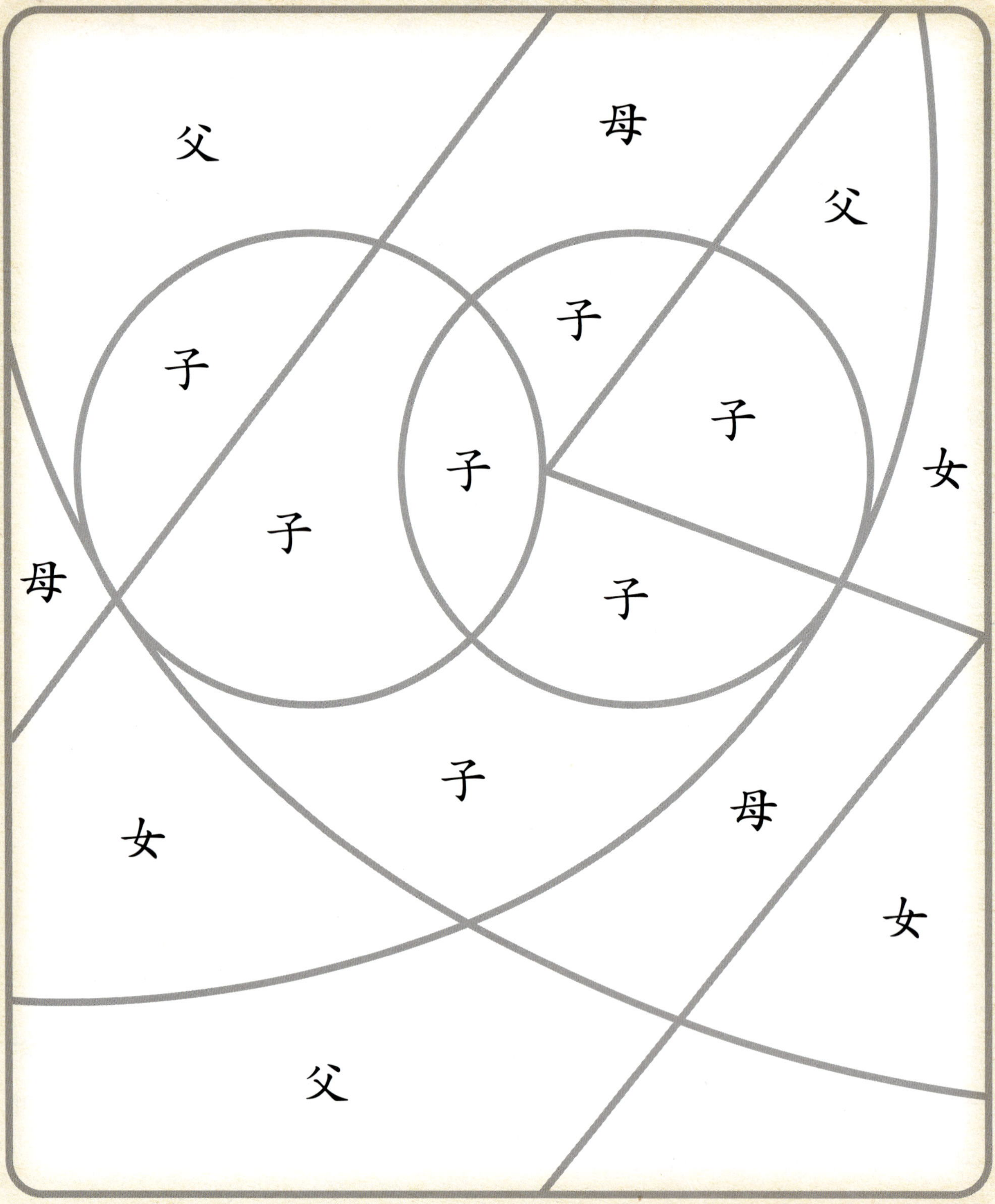

한자의 필순

한자를 쓰는 차례를 말하며, 올바른 순서에 따라서 써야 쓰기가 쉽고, 글자의 모양도 조화가 이루어져 아름다운 모양의 글자를 쓸 수 있습니다. 필순의 원칙에는 대부분의 글자에 해당하는 기본 원칙과 글자의 모양에 따라서 적용되는 특수한 원칙이 있으며, 자세히 설명하면 다음과 같은 원칙을 갖고 있습니다.

① 위에서 아래로 쓴다.
  예) 석 삼(三)
  　　一　二　三

② 왼쪽에서 오른쪽으로 쓴다.
  예) 내 천(川)
  　　丿　丿丨　川

③ 가로획을 먼저 쓴다.
  예) 열 십(十)
  　　一　十

④ 세로획을 먼저 쓴다.
  예) 밭 전(田)
  　　丨　冂　曰　田　田

⑤ 바깥부분을 먼저 쓴다.
  예) 무릇 범(凡)
  　　丿　几　凡

⑥ 가운데를 먼저 쓴다.
  예) 물 수(水)
  　　亅　가　水　水

⑦ 꿰뚫는 가로획은 맨 나중에 쓴다.
  예) 아들 자(子)
  　　フ　了　子

⑧ 꿰뚫는 세로획은 맨 나중에 쓴다.
  예) 가운데 중(中)
  　　丨　冂　口　中

⑨ 삐침은 파임보다 먼저 쓴다.
  예) 들 입(入)
  　　丿　入

⑩ 점은 맨 나중에 찍는다.
  예) 대신할 대(代)
  　　丿　亻　仁　代　代

⑪ 받침을 먼저 쓴다.
  예) 일어날 기(起)
  　　一　十　土　キ　キ　丰　走　赴　起　起

⑫ 받침을 맨 나중에 쓴다.
  예) 가까울 근(近)
  　　′　厂　斤　斤　沂　近　近

2 두 딸의 혼인

- 생수, 백일, 수족, 백미 등의 한자어를 공부해 봅시다.
- 자식을 위하여 노력하는 어머니의 정성을 알아봅시다.

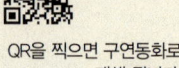

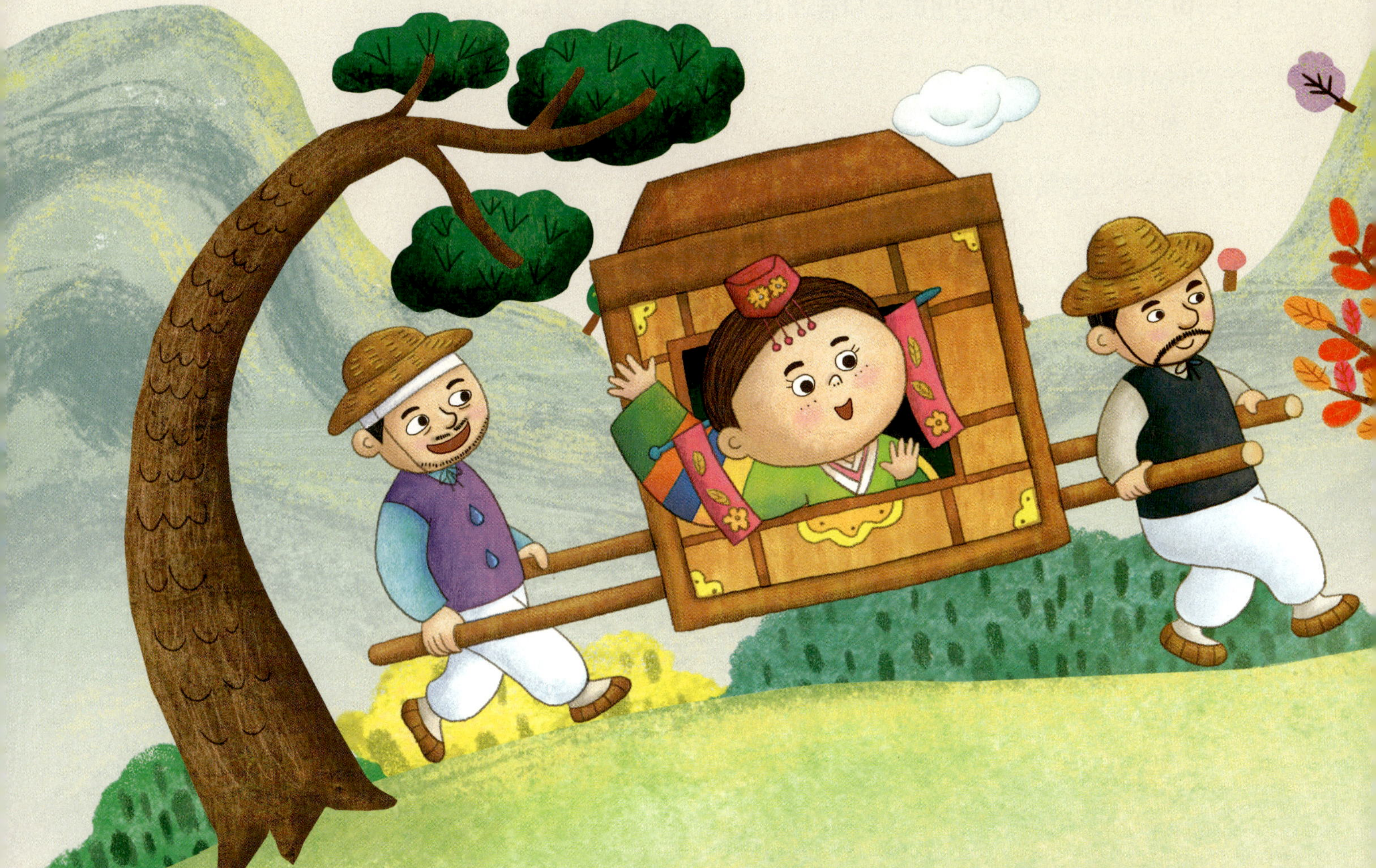

QR을 찍으면 구연동화로 재생 됩니다.

어느덧 세 딸들은 시집을 가야 할 나이가 되었습니다.

어머니는 세 딸들이 좋은 사람을 만나 혼인하라고 매일 아침마다 生水(생수)를 떠 놓고 百日(백일) 기도를 드렸습니다. 그 정성이 통하였는지 첫째딸은 이웃 마을에서 물고기[魚(어)]를 잡는 착실한 젊은이를 남편[夫(부)]으로 맞이하게 되었습니다. 어머니는 온갖 정성을 다하여 혼인 준비를 하고 시집을 보냈습니다.

生水(생수) : 끓이거나 소독하거나 하지 않은 맑은 샘물
百日(백일) : 백날

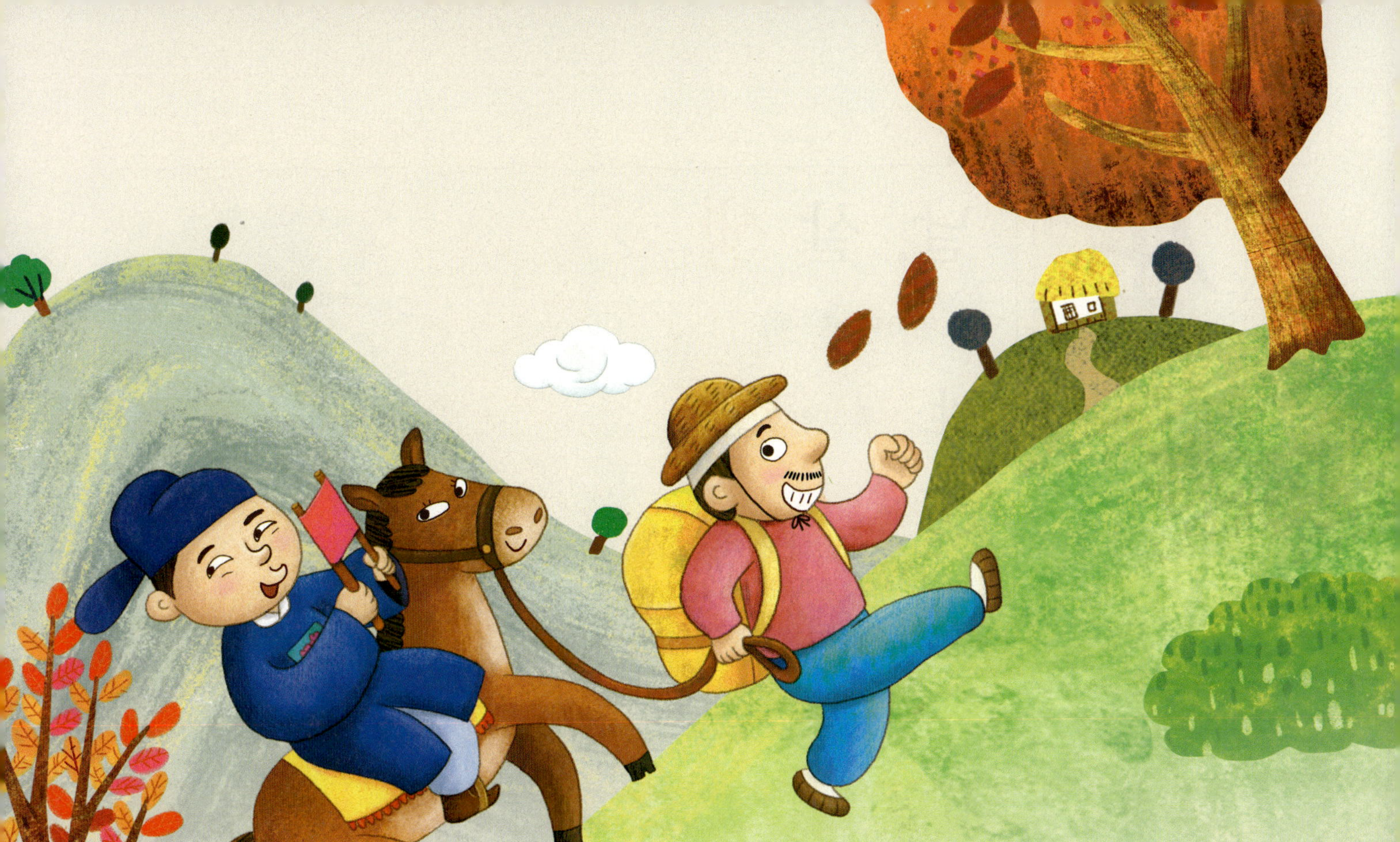

이제 둘째딸의 차례입니다.

어머니는 手足(수족)이 닳도록 부지런히 농사를
手足(수족) : 손과 발

짓고 거두어들인 白米(백미)를 한톨도 남김없이 팔아 돈을
白米(백미) : 흰 멥쌀

모았습니다. 덕분에 둘째딸도 첫째딸 못지않게 준비하여 시집을 보냈습니다.

부모님께서는 우리를 정성으로 길러 주셨으니
우리도 노년의 부모님을 정성으로 모셔야 합니다.

生	水	百	日	魚
날,살 **생**	물 **수**	일백 **백**	날,해 **일**	물고기 **어**
夫	手	足	白	米
남편 **부**	손 **수**	발 **족**	흰 **백**	쌀 **미**

날, 살 생

生부 0획 (총5획)

生 中 shēng

ㅛ → 生 → 生   초목의 싹이 터서 땅위로 뻗어나는 모양을 본떠서 '날 생', '살 생'

한자어의 뜻과 활용을 알아 봅시다.

- **生**日(생일) : 태어난 날. (日 : 해 일, 날 일)
  - 오늘은 수영이의 **生**日(생일)입니다.

- **生**水(생수) : 끓이거나 소독하거나 하지 않은 맑은 샘물. (水:물 수)
  - 요즘은 **生**水(생수)를 돈을 주고 사 먹는 사람이 많습니다.

한자의 뜻과 음을 읽어보고 순서에 따라 써 봅시다.

生 生 生 生 生

生	生					
날 생	날 생					

물 수

水부 0획 (총4획)

水　中 shuǐ　반의어 火(불 화)

〰️ → 氺 → 水

흐르는 물을 본떠서 '물 수'
- 水 = 氵(물 수)

한자어의 뜻과 활용을 알아 봅시다.

뜻
활용

- 水上(수상) : 물 위. (上 : 위 상)
  - 한강에서 水上(수상) 스키하는 모습을 보았습니다.
- 湖水(호수) : 넓고 깊게 물이 고여 있는 곳. (湖 : 호수 호)
  - 湖水(호수) 위에 백조들이 한가로이 떠다니고 있습니다.

한자의 뜻과 음을 읽어보고 순서에 따라 써 봅시다.

水 水 水 水

水	水						
물 수	물 수						

일백 **백**

白부 1획 (총6획)

百 中 bǎi

하나(一)에서 시작하여 소리치는(白) 단위니 '일백 백'
• 一(한 일), 白(흰 백, 밝을 백, 깨끗할 백, 말할 백)

한자어의 뜻과 활용을 알아 봅시다.

- 百萬(백만) : 만의 백배. (萬 : 일만 만)
  - 百萬(백만)대군이 쳐들어 와도 끄떡없이 잘 싸웠습니다.

- 百日(백일) : 백날. (日:날 일)
  - 오늘은 사촌동생이 태어난 지 百日(백일)이 되는 날입니다.

한자의 뜻과 음을 읽어보고 순서에 따라 써 봅시다.

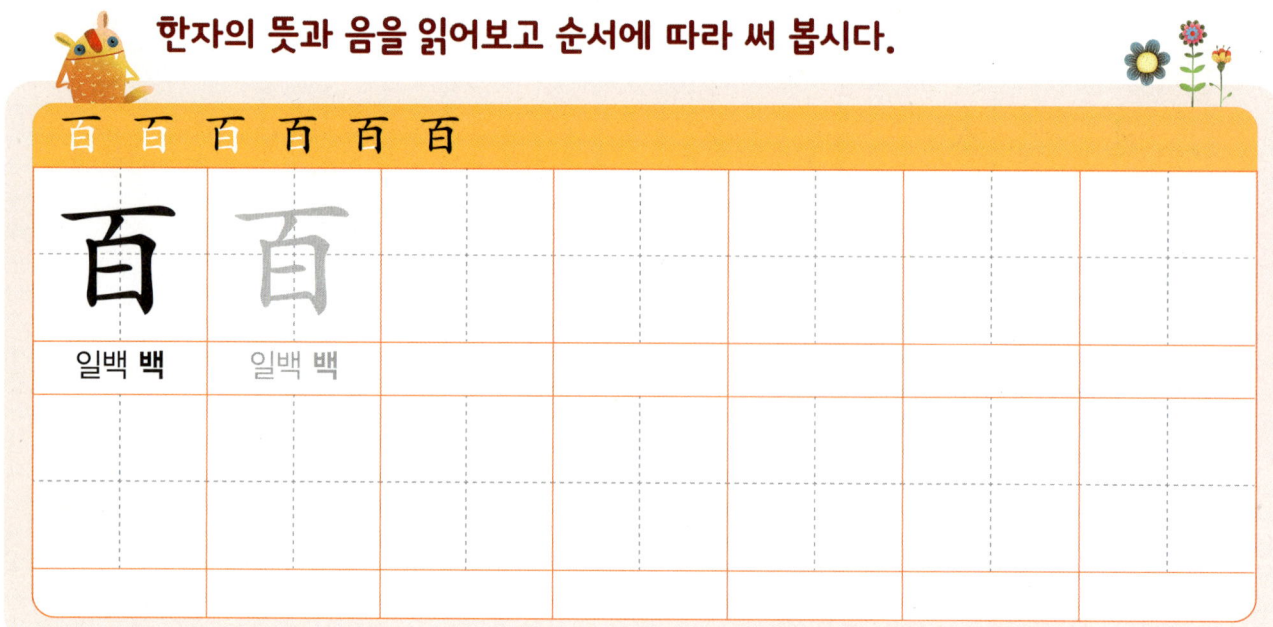

2. 두 딸의 혼인

날, 해 일

日부 0획 (총4획)

日 中 rì   반의어 月(달 월)

해의 둥근 모양과 흑점을 본떠서 '날 일', '해 일'
• 둥근 것을 본떠도 한자로는 네모짐.

한자어의 뜻과 활용을 알아 봅시다.

뜻
활용

- 日記(일기) : 그 날의 생활 또는 느낌을 기록함. (記 : 기록할 기)
  – 낮에 있었던 일을 日記(일기)로 썼습니다.

- 日出(일출) : 하루 해가 뜸. (出 : 날 출)
  – 정동진의 日出(일출)은 매우 아름답습니다.

한자의 뜻과 음을 읽어보고 순서에 따라 써 봅시다.

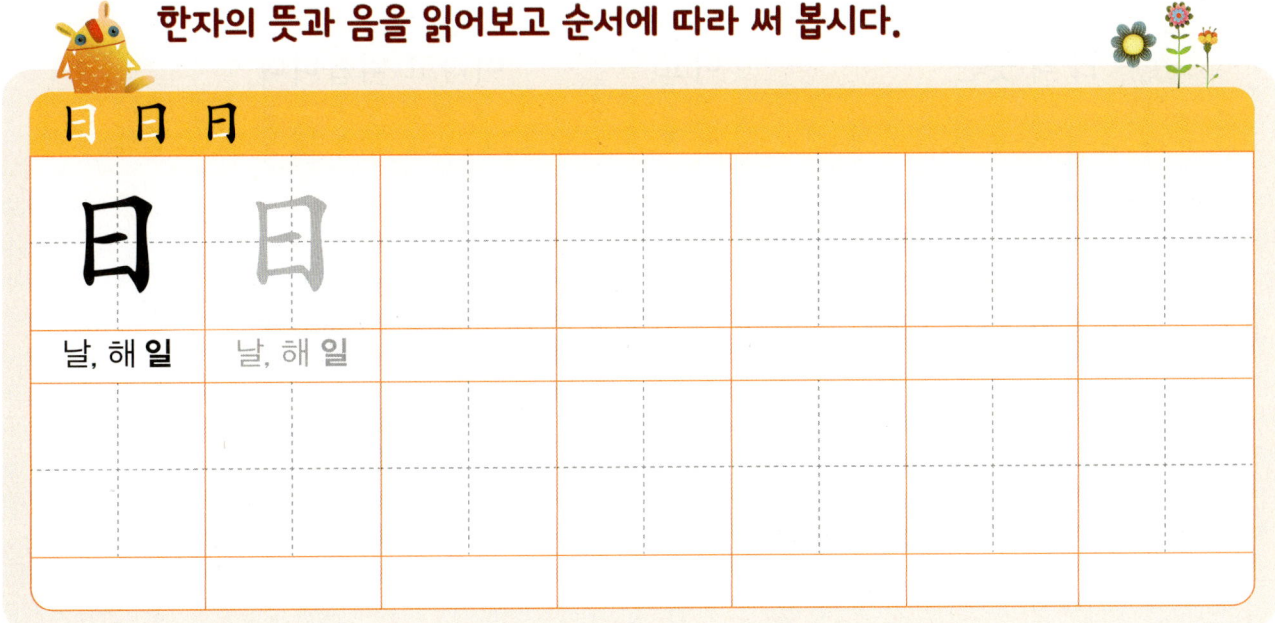

수행평가

🐤 다음 그림에 알맞은 한자(漢字)를 연결하여 봅시다.

1.  • • ㉠ 水

2.  • • ㉡ 日

🐤 배운 한자(漢字)를 복습해 봅시다.

3. 生의 뜻은 [　　] 이고, [　　] 이라고 읽습니다.
4. 水의 뜻은 [　　] 이고, [　　] 라고 읽습니다.
5. 百의 뜻은 [　　] 이고, [　　] 이라고 읽습니다.
6. 日의 뜻은 [　　] 이고, [　　] 이라고 읽습니다.

🐤 다음 글을 읽고 밑줄 그은 한자어(漢字語)의 음을 써 봅시다.

7. 목이 마를 때 <u>生水</u> [　　] 한 잔이 제일입니다.
8. 아기가 태어난 지 <u>百日</u> [　　] 이 되었습니다.

2. 두 딸의 혼인

🦉 다음 한자를 넣어서 한자어(漢字語)를 만들어 봅시다.

🦉 본 단원에서 배운 한자어(漢字語)를 이용하여 짧은 글을 지어 봅시다.

물고기 어

魚부 0획 (총11획)

鱼 中 yú

魚 → 魚 → 魚   물고기 모양을 본떠서 '물고기 어'

한자어의 뜻과 활용을 알아 봅시다.

뜻 / 활용

- 人魚(인어) : 동화에 나오는 사람처럼 생긴 상상의 물고기 (人 : 사람 인)
  - 人魚(인어)공주는 바다에 산다고 합니다.

- 長魚(장어) : 길이가 긴 물고기(뱀장어). (長 : 긴, 어른 장)
  - 長魚(장어)는 몸이 뱀처럼 긴 물고기 입니다.

한자의 뜻과 음을 읽어보고 순서에 따라 써 봅시다.

魚 魚 魚 魚 魚 魚 魚 魚 魚 魚 魚

魚	魚							
물고기 어	물고기 어							

뒷동산 할미꽃

뒷동산 할미꽃 2. 두 딸의 혼인

夫 남편 부

大부 1획 (총4회)

夫 中 fū

머리에 비녀 장식을 한 사람을 본떠서 '사내 부', '남편 부'

한자어의 뜻과 활용을 알아 봅시다.

뜻 / 활용

- **農夫(농부)** : 농사를 짓는 사람. (農 : 농사 농)
  - **農夫(농부)**는 세 아들을 두었습니다.
- **夫婦(부부)** : 남편과 아내. (婦 : 아내 부, 며느리 부)
  - 그 마을에 마음 착한 **夫婦(부부)**가 살았습니다.

한자의 뜻과 음을 읽어보고 순서에 따라 써 봅시다.

夫 夫 夫 夫

夫	夫						
남편 부	남편 부						

손 수

手부 0획 (총4획)

手　　中 shǒu　　반의어 足(발 족)

 손가락을 편 손 모양을 본떠서 '손 수'

한자어의 뜻과 활용을 알아 봅시다.

- **手**巾(수건) : 몸, 얼굴 등을 닦기 위한 헝겊. (巾 : 수건 건)
  - 나는 흐르는 땀을 **手**巾(수건)으로 닦았습니다.

- **手**足(수족) : 손과 발. (足 : 발 족)
  - 현수 할머니는 **手**足(수족)이 불편하십니다.

한자의 뜻과 음을 읽어보고 순서에 따라 써 봅시다.

足

발 족

족부 0획 (총7획)

足 中 zú

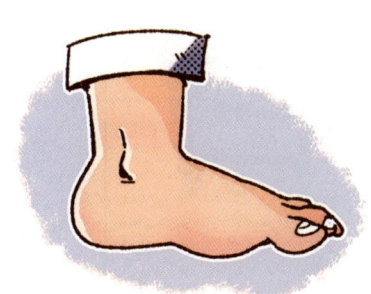

足 → 足 → 足   무릎부터 발까지를 본떠서 '발 족'

한자어의 뜻과 활용을 알아 봅시다.

- **自足**(자족) : 스스로 만족함. (自 : 스스로 자)
  - 어려운 환경 속에서도 **自足**(자족)하는 마음이 값진 것입니다.

- **不足**(부족) : 일정한 한계에서 모자람. (不 : 아니 불, 부)
  - 농촌은 모내기 할 때마다 일손이 **不足**(부족)합니다.

한자의 뜻과 음을 읽어보고 순서에 따라 써 봅시다.

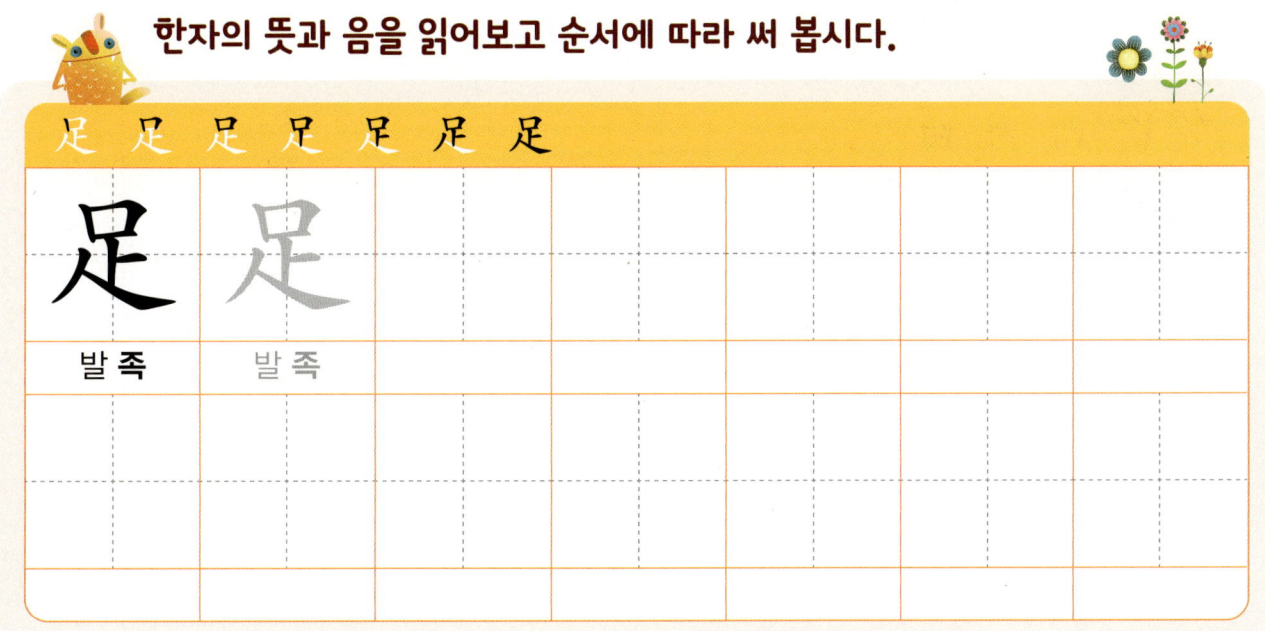

흰 백

白부 0획 (총5획)

白 　中 bái

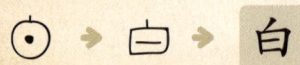 ⇒ 白

- 빛나는(丿) 해(日)는 희고 밝으니 '흰 백'
- 丿(삐침), 日(해 일, 날 일)

한자어의 뜻과 활용을 알아 봅시다.

- 白色(백색) : 흰 색. (色 : 빛 색)
  - 밤새 내린 눈으로 세상이 온통 白色(백색)입니다.
- 白人(백인) : 살빛이 하얀 사람, 주로 서양인. (人 : 사람 인)
  - 19세기에는 白人(백인)들이 흑인을 노예로 삼았었던 적이 있습니다.

한자의 뜻과 음을 읽어보고 순서에 따라 써 봅시다.

白 白 白 白 白

白	白						
흰 백	흰 백						

뒷동산 할미꽃

쌀 미

米부 0획 (총6획)

米 中 mǐ

찧으면 쌀눈이 보이니 벼 화(禾)에 한 점(丶)을 찍어서 '쌀 미'

한자어의 뜻과 활용을 알아 봅시다.

- 玄米(현미) : 왕겨를 벗긴 쌀. (玄 : 검을 현)
  - 玄米(현미)는 영양분이 많은 쌀입니다.

- 白米(백미) : 흰 쌀. (白 : 흰 백)
  - 白米(백미)로 지은 밥은 맛이 있습니다.

한자의 뜻과 음을 읽어보고 순서에 따라 써 봅시다.

米 米 米 米 米 米

米	米					
쌀 미	쌀 미					

수행평가

다음 그림에 알맞은 한자(漢字)를 연결하여 봅시다.

1.  •   •㉠ 夫

2.  •   •㉡ 魚

배운 한자(漢字)를 복습해 봅시다.

3. 夫의 뜻은 [ ] 이고, [ ] 라고 읽습니다.
4. 手의 뜻은 [ ] 이고, [ ] 라고 읽습니다.
5. 足의 뜻은 [ ] 이고, [ ] 이라고 읽습니다.
6. 白의 뜻은 [ ] 이고, [ ] 이라고 읽습니다.

다음 글을 읽고 밑줄 그은 한자어(漢字語)의 음을 써 봅시다.

7. 自足 [ ] 이란 스스로 만족하게 여기는 것을 뜻합니다.
8. 부모님은 우리를 위해 手足 [ ] 이 닳도록 고생하십니다.

다음 한자를 넣어서 한자어(漢字語)를 만들어 봅시다.

9.

10.

본 단원에서 배운 한자어(漢字語)를 이용하여 짧은 글을 지어 봅시다.

🐦 다음 물음을 읽고 알맞은 답을 (   )안에 쓰시오.

1. 다음 한자의 음이 바르게 연결된 것은 무엇입니까? (   )
   ① 白 – 일   ② 百 – 백   ③ 生 – 수   ④ 手 – 생

2. 다음 한자의 뜻이 바르게 연결된 것은 무엇입니까? (   )
   ① 夫 – 물고기   ② 白 – 일백   ③ 足 – 손   ④ 米 – 쌀

3. 다음 한자의 총획이 바르게 연결된 것은 무엇입니까? (   )
   ① 水 – 3획   ② 白 – 4획   ③ 生 – 5획   ④ 足 – 6획

🐦 다음 보기에서 알맞은 한자어(漢字語)를 찾아 쓰시오.

| 보기 | 自足   手足   百日   生水 |

4. 귀여운 내 동생이 태어난지 ☐☐ 이 되었습니다.

5. 시원한 ☐☐ 한 잔만 주세요.

6. ☐☐ 할 줄 아는 사람은 행복합니다.

다음 어원(語原)에 해당하는 한자(漢字)를 줄로 이으시오.

7. 흐르는 물을 본뜬 글자입니다.   •   • ㉠ 水

8. 찧으면 쌀눈이 보이니 벼 화(禾)에 한 점(丶)을 찍은 모양입니다.   •   • ㉡ 米

다음 뜻을 보고 알맞은 한자어(漢字語)를 찾아 번호를 쓰시오.

9. '손과 발'을 나타내는 한자어는 무엇입니까? (   )

   ① 水足   ② 水夫   ③ 手足   ④ 手夫

10. '태어난 날'을 나타내는 한자어는 무엇입니까? (   )

    ① 生白   ② 生日   ③ 百日   ④ 百白

다음 글을 읽고 (   )안에 한자어(漢字語)의 음(音)을 쓰시오.

자연은 우리에게 많은 것을 줍니다. 어부는 生日(11.   )도 잊고 바다에 나가 手足(12.   )이 닳도록 열심히 물고기를 낚습니다. 그 덕분에 우리는 白米(13.   ) 밥과 더불어 맛있는 생선 반찬을 먹을 수 있습니다. 맛있는 식사 후에 먹는 시원한 生水(14.   ) 한 잔도 소중한 자연의 선물입니다.

3 한떨기 수선화 막내딸

QR을 찍으면 구연동화로 재생 됩니다.

- 화전, 이목, 우마 등의 한자어 및 이야기 관련 한자를 공부해 봅시다.
- 자신이 배운 것을 일상생활에 활용하려는 마음을 가져봅시다.

이제 막내딸만 남았습니다. 그동안 두 딸을 시집보내느라 그나마 조금있던 논밭도 다 팔았고 집안에 쓸만한 물건은 거의 없었습니다. 단 두 식구라 먹고 사는 것은 꾸려가지만, 하루하루 한떨기 수선화처럼 어여쁘게 자라나는 막내딸을 보면 걱정스런 마음이 앞섰습니다. 그러던 중 고개 너머 **火田**(화전) 마을에 **선비**[士(사)]이지만 착실히 농사짓고 사는 **金**(김)씨 성을 지닌 젊은이가 막내딸에게 청혼을 하였습니다. 어머니는 막내딸이 시집을 가게 되어 매우 기뻤습니다.

火田(화전) : 불을 놓아 일구어 농사를 짓는 밭

남의 **耳目**(이목)도 있고 하여 어머니는 **人力**(인력)을 다하여 막내딸
耳目(이목) : 귀와 눈   人力(인력) : 사람의 힘. 사람의 능력

결혼 준비를 열심히 하였습니다. 그러나 첫째, 둘째처럼 결혼 준비를 잘하지 못하여 안타까웠습니다.

그러나 마음씨 착한 막내딸은 괜찮다며 **牛馬**(우마)에 짐을 싣고 몇 번이고
牛馬(우마) : 소와 말

뒤돌아다보며 떨어지지 않는 발걸음을 옮겼습니다.

새로 배우는 한자

火	田	士	金	耳
불 **화**	밭 **전**	선비 **사**	쇠 **금**, 성 **김**	귀 **이**
目	人	力	牛	馬
눈 **목**	사람 **인**	힘 **력(역)**	소 **우**	말 **마**

3. 한떨기 수선화 막내딸

불 화

火부 0획 (총4획)

火 中 huǒ

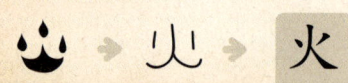 타오르는 불을 본떠서 '불 화'

한자어의 뜻과 활용을 알아 봅시다.

- **火力(화력)** : 불의 힘. (力 : 힘 력)
  - 전기 밥솥은 직접 불로 짓는 것보다 **火力(화력)**이 떨어집니다.

- **火星(화성)** : 태양에서 네번째로 가까운 별. (星 : 별 성)
  - **火星(화성)**에 우주 탐사선을 띄웠습니다.

한자의 뜻과 음을 읽어보고 순서에 따라 써 봅시다.

火 火 火 火

火	火					
불 화	불 화					

3. 한떨기 수선화 막내딸

밭 전

田부 0획 (총5획)

田 🀄 tián

🀄 → 田 → 田   경계를 짓고 나눈 밭의 모습에서 '밭 전'

한자어의 뜻과 활용을 알아 봅시다.

- 大田(대전) : 충청도의 중앙에 있는 광역시. (大 : 큰 대)
  - 大田(대전) 월드컵 경기장은 빗물 이용 시설이 마련되어 있습니다.

- 火田(화전) : 불을 태워 농사를 짓는 밭. (火 : 불 화)
  - 예전에는 산 속에서 火田(화전)을 일구는 사람이 있었습니다.

한자의 뜻과 음을 읽어보고 순서에 따라 써 봅시다.

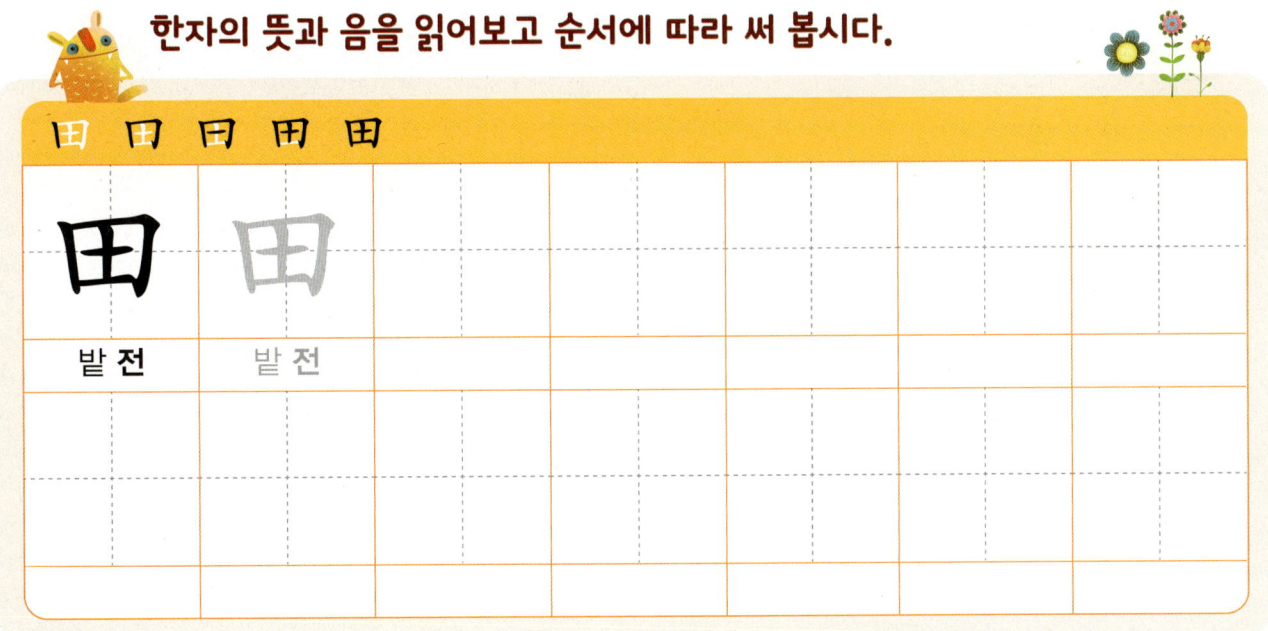

 선비 사

士부 0획 (총3획)

士 🀄 shì

一 ▶ 士 ▶ 士

하나(一)를 들으면 열(十)을 안다는 뜻에서 '선비 사'
• 十(열 십, 많을 십), 一(한 일)

한자어의 뜻과 활용을 알아 봅시다.

뜻

- 士氣(사기) : 용감하고 씩씩한 기상. (氣 : 기운 기)
  - 이순신 장군이 계신 곳은 군사들의 士氣(사기)가 높았습니다.

활용

- 士兵(사병) : 계급이 낮은 군인. (兵 : 군사 병)
  - 士兵(사병)들이 훈련을 받고 있습니다.

한자의 뜻과 음을 읽어보고 순서에 따라 써 봅시다.

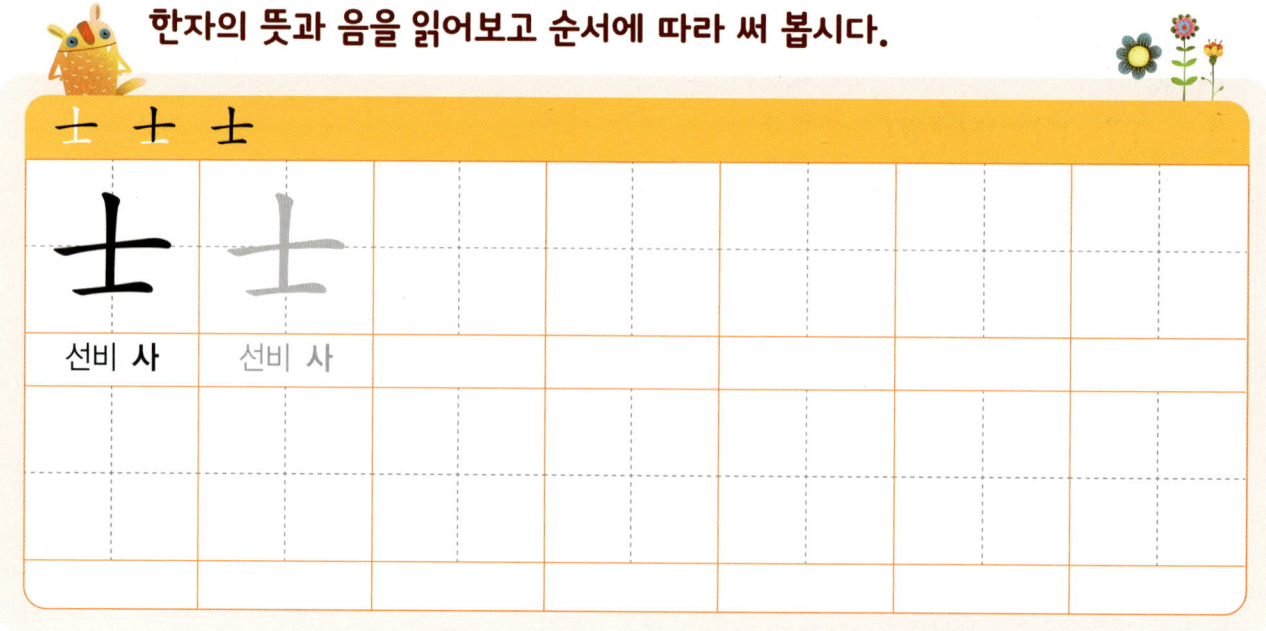

3. 한떨기 수선화 막내딸

쇠 금, 성 김

金부 0획 (총8획)

金 🀄 jīn

주물을 만들기 위한 거푸집에서 쇳물이 뚝뚝 흐르는 모습을 본떠서 '쇠 금'

한자어의 뜻과 활용을 알아 봅시다.

- 金言(금언) : 귀중한 교훈이 담긴 짧은 말. (言 : 말씀 언)
  - '시간은 금이다.'라는 金言(금언)이 있습니다.
- 金氏(김씨) : 우리나라 성(姓)의 하나
  - 金氏(김씨)는 황무지에 농장을 건설하였습니다.

한자의 뜻과 음을 읽어보고 순서에 따라 써 봅시다.

🐤 다음 그림에 알맞은 한자(漢字)를 연결하여 봅시다.

1.  •　　　　　•㉠ 火

2.  •　　　　　•㉡ 士

🐤 배운 한자(漢字)를 복습해 봅시다.

3. 火의 뜻은 [　　　]이고, [　]라고 읽습니다.
4. 田의 뜻은 [　　　]이고, [　]이라고 읽습니다.
5. 士의 뜻은 [　　　]이고, [　]라고 읽습니다.
6. 金의 뜻은 [　　　]이고, [　]이라고 읽습니다.

🐤 다음 글을 읽고 밑줄 그은 한자어(漢字語)의 음을 써 봅시다.

7. 가난한 백성들이 <u>火田</u> [　　　]에서 채소를 기릅니다.
8. 내 성은 <u>金</u> [　　　]씨 입니다.

🐦 다음 한자를 넣어서 한자어(漢字語)를 만들어 봅시다.

🐦 본 단원에서 배운 한자어(漢字語)를 이용하여 짧은 글을 지어 봅시다.

귀 이

耳부 0획 (총6획)

耳 　中 ěr

𦔮 → 耳 → 耳　　귀 모양을 본떠서 '귀 이'

한자어의 뜻과 활용을 알아 봅시다.

뜻 / 활용

- **耳**目(이목) : 귀와 눈. 다른 사람들의 주의나 관심. (目 : 눈 목)
  − 세계인의 **耳**目(이목)은 월드컵이 열리는 곳으로 쏠렸습니다.

- **耳**力(이력) : 귀로 소리를 듣는 힘. (力 : 힘 력)
  − 나이가 들면 **耳**力(이력)이 약해집니다.

한자의 뜻과 음을 읽어보고 순서에 따라 써 봅시다.

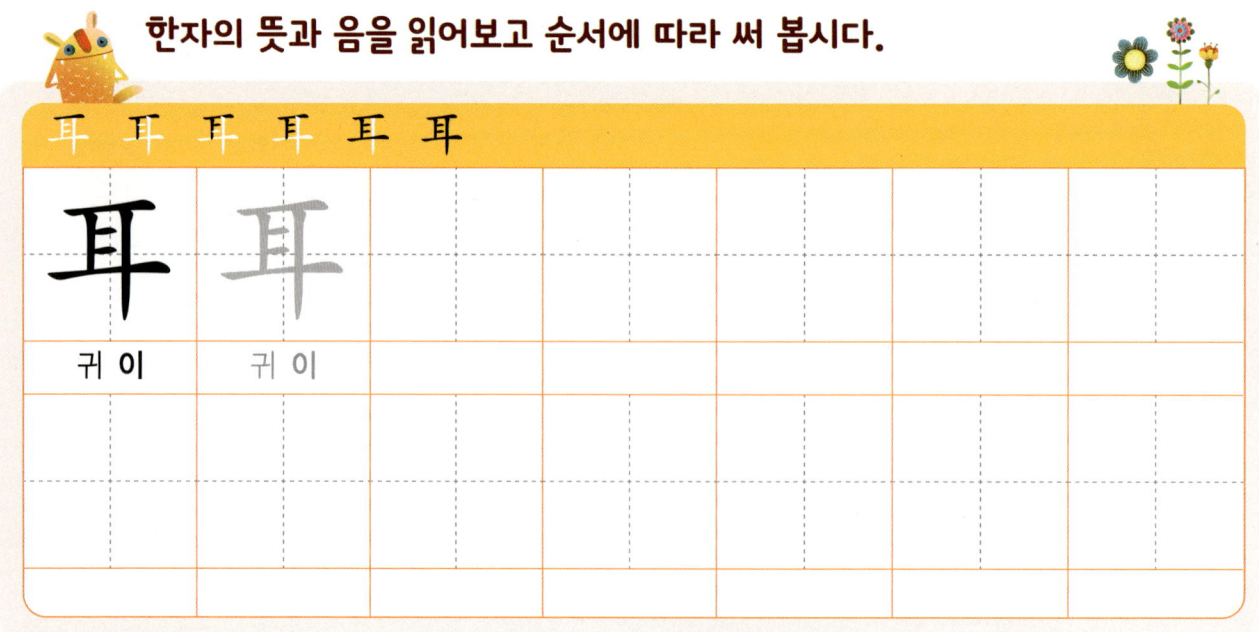

뒷동산 할미꽃

 3. 한떨기 수선화 막내딸

目 눈 목

目부 0획 (총5획)

目 ⊕ mù

 둥글고 눈동자 있는 눈을 본떠서 '눈 목'

한자어의 뜻과 활용을 알아 봅시다.

뜻 활용

- 目的(목적) : 이루려고 하는 것. (的 : 과녁 적, 맞힐 적)
  - 어떤 일을 할 때에는 目的(목적)이 뚜렷해야 합니다.

- 眼目(안목) : 가치를 판단하는 능력. (眼 : 눈 안)
  - 선생님은 그림에 대한 眼目(안목)이 있으셨습니다.

한자의 뜻과 음을 읽어보고 순서에 따라 써 봅시다.

目 目 目 目 目

目	目				
눈 목	눈 목				

사람 인

人부 0획 (총2획)

人 中 rén

다리 벌리고 서 있는 사람을 본떠서 '사람 인'
• 人 = 亻(사람 인)

한자어의 뜻과 활용을 알아 봅시다.

뜻

• **人**物(인물) : 사람과 물건. 용모와 생김새. (物 : 물건 물)
— 위대한 **人**物(인물)들은 남다른 노력을 한 사람이 많습니다.

활용

• 主**人**公(주인공) : 중심이 되는 인물. (主 : 주인 주, 公 : 공 공)
— 만화 主**人**公(주인공)은 광고, 상품에서도 볼 수 있습니다.

한자의 뜻과 음을 읽어보고 순서에 따라 써 봅시다.

人 人						
人 사람 인	人 사람 인					

3. 한떨기 수선화 막내딸

力 힘 력(역)

力부 0획 (총2획)

力 中 lì

팔에 힘줄이 드러난 모습에서 '힘 력'

한자어의 뜻과 활용을 알아 봅시다.

뜻 / 활용

- 國力(국력) : 나라의 힘. (國 : 나라 국)
  - 우수한 인재는 國力(국력)입니다.

- 人力(인력) : 사람의 힘, 사람의 능력. (人 : 사람 인)
  - 우리나라는 人力(인력)과 기술이 풍부한 국가입니다.

한자의 뜻과 음을 읽어보고 순서에 따라 써 봅시다.

力 力						
力 힘 력	力 힘 력					

소 우

牛부 0획 (총4획)

牛 中 niú

 → 牛 → 牛   뿔 있는 소의 모습을 본떠서 '소 우'

한자어의 뜻과 활용을 알아 봅시다.

뜻
- 牛馬(우마) : 소와 말. (馬 : 말 마)
  - 옛날에는 牛馬(우마)가 교통 수단이었습니다.
- 牛乳(우유) : 소에서 짠 젖. (乳 : 젖 유)

활용
  - 유미는 강아지의 상처를 치료하여 주고 牛乳(우유)도 먹여 주었습니다.

한자의 뜻과 음을 읽어보고 순서에 따라 써 봅시다.

3. 한떨기 수선화 막내딸

馬 말 마

馬부 0획 (총10획)

马　㊥ mǎ

 말 모양을 본떠서 '말 마'

한자어의 뜻과 활용을 알아 봅시다.

뜻 / 활용

- **馬**耳東風(마이동풍) : '말의 귀에 봄바람' 즉 남의 말을 귀담아 듣지 아니함. (耳 : 귀 이, 東 : 동녘 동, 風 : 바람 풍)
 - 어머니의 꾸중에도 내동생은 **馬**耳東風(마이동풍)입니다.
- 野生**馬**(야생마) : 들에서 살아가는 말. (野 : 들 야, 生 : 날 생)
 - 野生**馬**(야생마)는 길들여지고, 덤불은 사라지고 말았습니다.

한자의 뜻과 음을 읽어보고 순서에 따라 써 봅시다.

馬馬馬馬馬馬馬馬馬馬

馬	馬								
말 마	말 마								

3. 한떨기 수선화 막내딸　61

 다음 그림에 알맞은 한자(漢字)를 연결하여 봅시다.

1.  • • ㉠ 牛

2.  • • ㉡ 馬

 배운 한자(漢字)를 복습해 봅시다.

3. 耳의 뜻은 [   ] 이고, [   ] 라고 읽습니다.
4. 目의 뜻은 [   ] 이고, [   ] 이라고 읽습니다.
5. 人의 뜻은 [   ] 이고, [   ] 이라고 읽습니다.
6. 力의 뜻은 [   ] 이고, [   ] 이라고 읽습니다.

 다음 글을 읽고 밑줄 그은 한자어(漢字語)의 음을 써 봅시다.

7. 재미있는 사람은 항상 남의 耳目 [   ] 을 끕니다.
8. 댐을 건설하기 위해서는 많은 人力 [   ] 이 필요합니다.

🐦 다음 한자를 넣어서 한자어(漢字語)를 만들어 봅시다.

9. 人(사람 인) → ☐ 口(사람 인, 입 구)   ☐ 生(사람 인, 날 생)

10. 牛(소 우) → ☐ 馬(소 우, 말 마)   ☐ 乳(소 우, 젖 유)

🐦 본 단원에서 배운 한자어(漢字語)를 이용하여 짧은 글을 지어 봅시다.

耳目

🐦 다음 물음을 읽고 알맞은 답을 (   )안에 쓰시오.

1. 다음 한자의 음이 바르게 연결된 것은 무엇입니까? (   )
   ① 人 - 인   ② 士 - 금   ③ 金 - 사   ④ 牛 - 력

2. 다음 한자의 뜻이 바르게 연결된 것은 무엇입니까? (   )
   ① 火 - 사람   ② 目 - 목   ③ 田 - 밭   ④ 力 - 말

3. 다음 한자의 총획이 바르게 연결된 것은 무엇입니까? (   )
   ① 力 - 3획   ② 牛 - 4획   ③ 耳 - 5획   ④ 田 - 6획

🐦 다음 보기에서 알맞은 한자어(漢字語)를 찾아 쓰시오.

| 보기 | 耳目   人力   牛馬   火田 |

4. 산비탈에 ☐☐ 을 일구어 농사를 짓습니다.

5. 예전에는 ☐☐ 차를 타고 다녔습니다.

6. 다리를 놓기 위하여 많은 ☐☐ 이 필요합니다.

3. 한떨기 수선화 막내딸

다음 어원(語原)에 해당하는 한자(漢字)를 줄로 이으시오.

7. 하나를 들으면 열을 안다는 뜻에서 만든 글자입니다.   •   • ㉠ 士

8. 주물을 만들기 위한 거푸집에서 쇳물이 뚝뚝 흐르는 모습을 본뜬 글자입니다.   •   • ㉡ 金

다음 뜻을 보고 알맞은 한자어(漢字語)를 찾아 번호를 쓰시오.

9. '소와 말'을 나타내는 한자어는 무엇입니까? (   )
　　① 馬力　　② 牛耳　　③ 牛馬　　④ 人士

10. '불의 힘'을 나타내는 한자어는 무엇입니까? (   )
　　① 牛力　　② 人力　　③ 馬力　　④ 火力

다음 글을 읽고 (   )안에 한자어(漢字語)의 음(音)을 쓰시오.

옛날 우리 조상들은 牛馬(11.   )를 이용해 짐을 나르고 火田(12.   )을 일구며 살았습니다. 다른 사람의 耳目(13.   )을 중시하며, 人力(14.   )을 이용하여 자연과 조화롭게 살아갔습니다.

나는 무엇일까요?

나는 우리 몸과 관련된 한자(漢字)입니다.
다음 글을 읽고 보기에서 해당하는 그림을 찾아 번호를 쓰고 한자(漢字)를 써 봅시다.

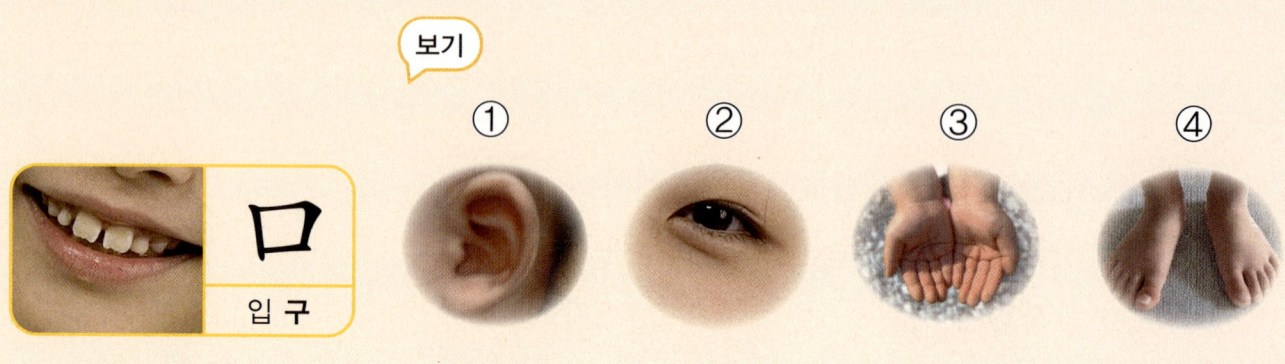

1. 나는 연필을 잡을 수 있게 하고 반지도 끼울 수 있어.

2. 나는 반듯하게 서 있을 수 있게 하고 양말도 신지.

3. 내가 없으면 아무것도 볼 수가 없어.

4. 내가 없으면 아무 소리도 들을 수 없단다.

4. 실망스런 첫째딸

QR을 찍으면 구연동화로 재생 됩니다.

- 숫자와 관련한 한자를 공부해 봅시다.
- 첫째 딸의 태도를 보고 나의 행동을 반성해 봅시다.

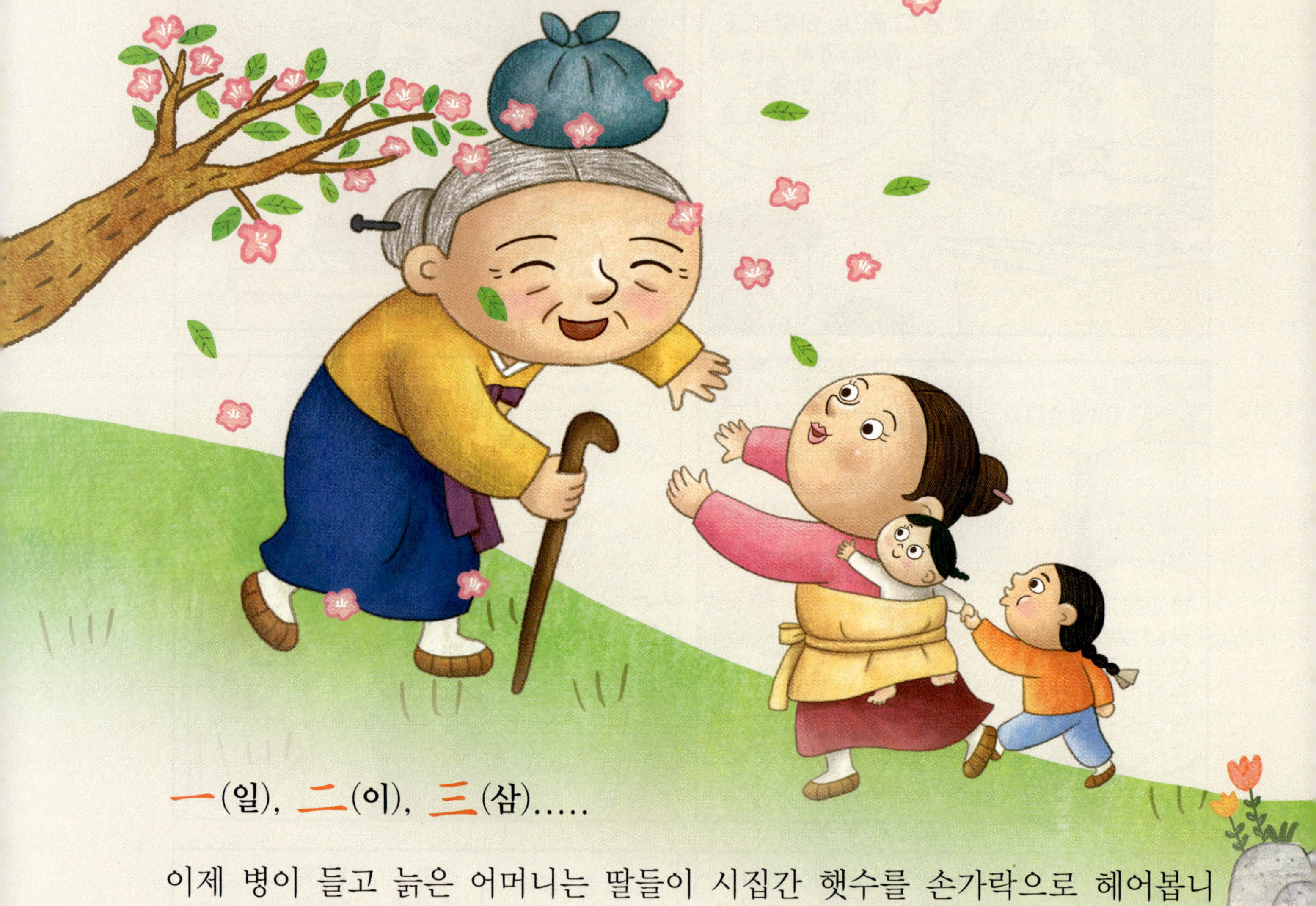

一(일), 二(이), 三(삼).....

이제 병이 들고 늙은 어머니는 딸들이 시집간 햇수를 손가락으로 헤어봅니다. 그러다 죽기 전에 마지막으로 시집간 딸들이 사는 모습을 볼 겸 집을 나섰습니다. 봄볕이 따뜻한 四月(사월)입니다. 어머니는 먼저 첫째딸네 집으로

四月(사월) : 한 해의 넷째 달

갔습니다. 벌써 남매를 둔 첫째딸은 반갑게 어머니를 맞았습니다.

손자들의 재롱을 보는 사이 꽃피는 봄이 지나갔습니다.

六月(유월): 한 해의 여섯째 달
(유월로 읽는 까닭은 발음상 부드럽게 읽기 위함임 – 활음조 현상)

벌써 **五月**(오월), **六月**(유월)이 되었나 했더니 **七**(칠), **八月**(팔월)

五月(오월): 한 해의 다섯째 달   　　　　　　　　　　　　　　　八月(팔월): 한 해의 여덟째 달

무더위도 훌쩍 갔습니다. 제법 쌀쌀한 바람이 부는 겨울이 되어가자, 첫째딸의 태도가 달라졌습니다. 점점 대접도 시원찮아지고 어머니를 대하는 태도도 달라졌습니다. **老母**(노모)는 첫째딸네 집에 너무 오래 살았다는 것을 깨닫고, 둘

老母(노모): 늙은 어머니

째딸네 집에 가야겠다고 짐 보따리를 챙겼습니다.

"더 계시지 않고……"

첫째딸은 미안한 생각에 따라 나와 말렸으나 노모는 지팡이를 짚고 둘째딸네 집으로 향했습니다.

새로 배우는 한자

一	二	三	四	五
한 **일**	두 **이**	석 **삼**	넉 **사**	다섯 **오**
六	七	八	月	老
여섯 **륙(육)**	일곱 **칠**	여덟 **팔**	달 **월**	늙을 **로(노)**

이미 배운 한자

母
어머니 모

4. 실망스런 첫째딸

한 일

一부 0획 (총1획)

一 中 yī

나무토막 한 개를 옆으로 한 모양에서 '한 일'

한자어의 뜻과 활용을 알아 봅시다.

뜻
활용

- 一生(일생) : 태어나서 죽을 때까지. (生 : 살 생)
  - 석주명은 나비를 연구하는 데에 一生(일생)을 바쳤습니다.
- 一定(일정) : 정해져 있는 것. (定 : 정할 정)
  - 一定(일정)한 간격으로 나무를 심었습니다.

한자의 뜻과 음을 읽어보고 순서에 따라 써 봅시다.

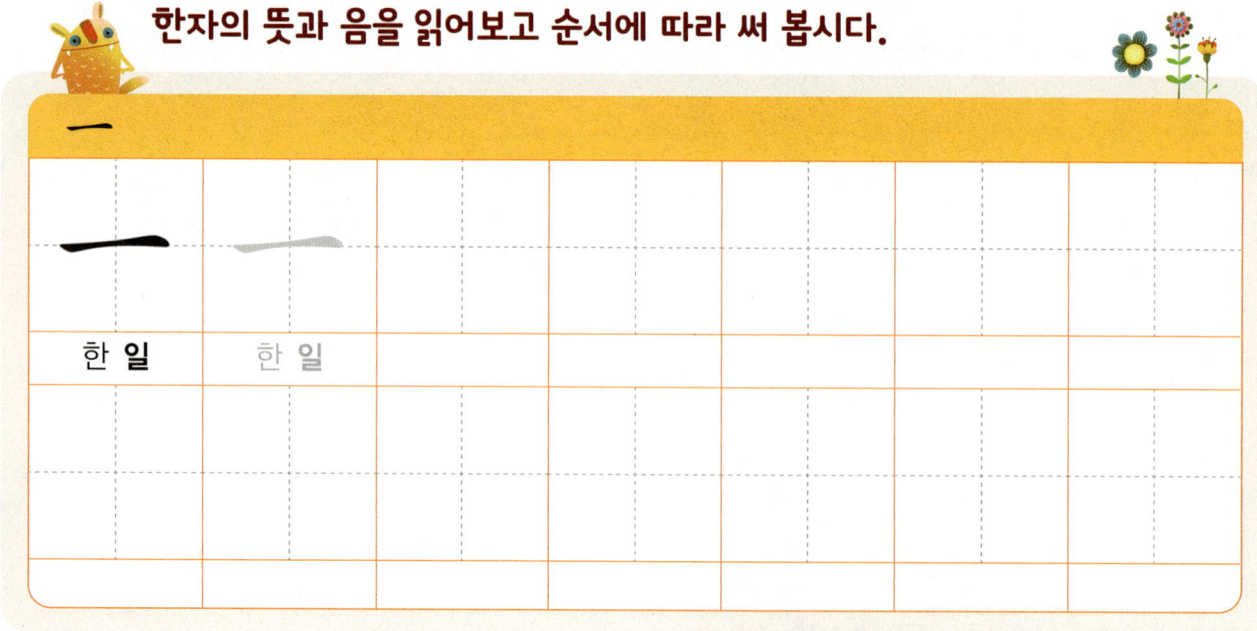

한 일   한 일

二 두 이

二부 0획 (총2획)

二 ㊥ èr

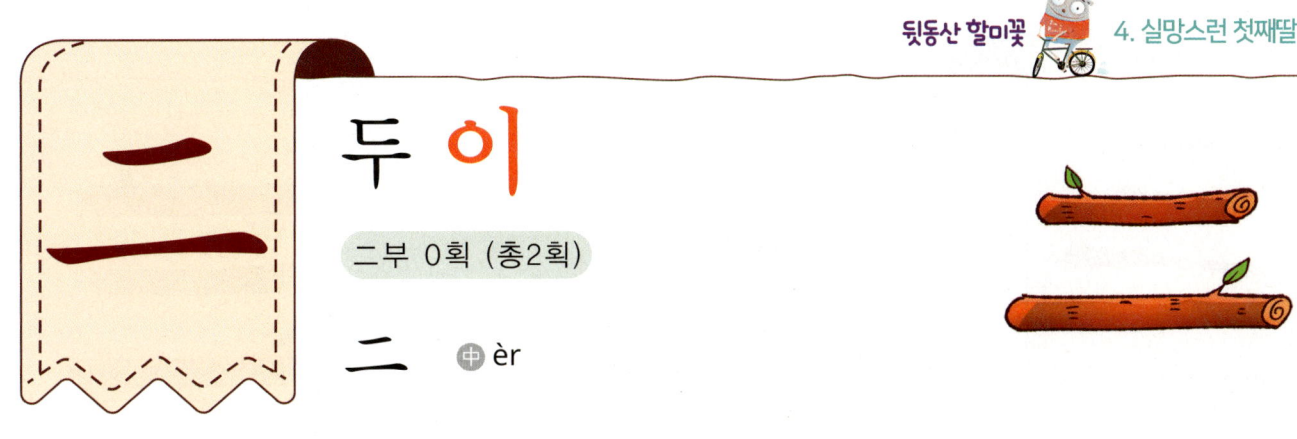

☞ → 二 → 二   나무토막 두 개를 옆으로 한 모양에서 '두 이'

한자어의 뜻과 활용을 알아 봅시다.

- 二重(이중) : 두 겹으로 됨. (重 : 무거울 중)
  - 교실의 창문이 모두 二重(이중)으로 되어 있습니다.

- 二年生(이년생) : 생겨난 지 2년이 된 것. (年 : 해 년, 生 : 살 생)
  - 이 나무는 二年生(이년생)입니다.

한자의 뜻과 음을 읽어보고 순서에 따라 써 봅시다.

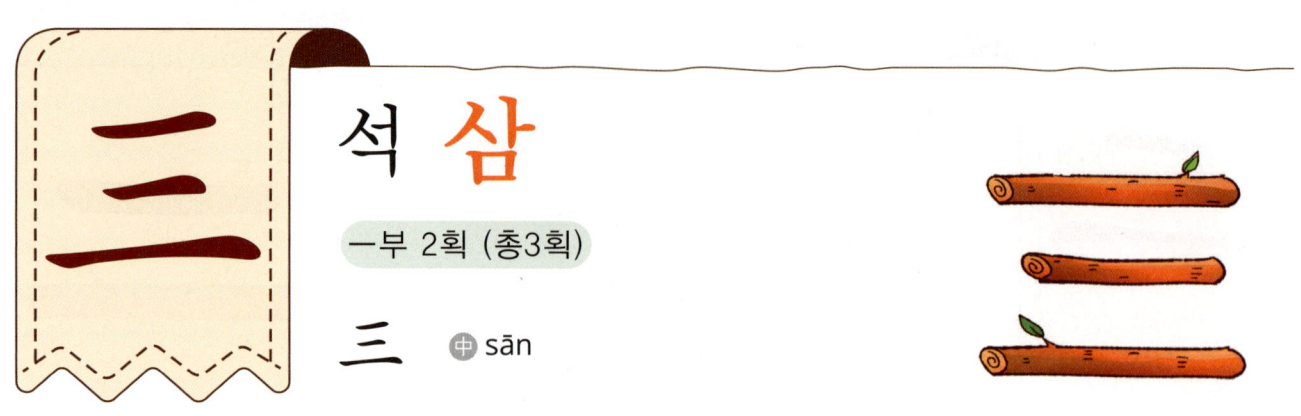

석 삼

一부 2획 (총3획)

三　中 sān

나무토막 세 개를 옆으로 한 모양에서 '석 삼'

한자어의 뜻과 활용을 알아 봅시다.

- 三國時代(삼국시대) : 고구려, 백제, 신라를 말함.
  (國 : 나라 국, 時 : 때 시, 代 : 시대 대, 대신할 대)
- 三國時代(삼국시대)에도 태권도를 하였던 것을 알 수 있습니다.
- 三敎時(3교시) : 세 번째 수업시간. (敎 : 가르칠 교, 時 : 때 시)
- 三敎時(3교시) 미술 시간이 되었습니다.

한자의 뜻과 음을 읽어보고 순서에 따라 써 봅시다.

4. 실망스런 첫째딸

四 넉 사

口부 2획 (총5획)

四 sì

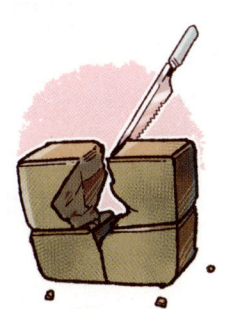

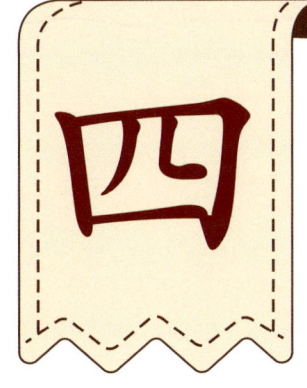

에워싼(口) 부분을 사방으로 나누어(八) '넉 사'
- 口(에울 위), 八(여덟 팔, 나눌 팔)

한자어의 뜻과 활용을 알아 봅시다.

뜻 / 활용

- 四方(사방) : 네 방위. 동, 서, 남, 북을 말함. (方 : 방위 방)
  – 돌돌이는 四方(사방)을 두리번거렸습니다.

- 四月(사월) : 한 해의 넷째 달. (月:달 월)
  – 四月(사월)이 되니 날씨가 따뜻해졌습니다.

한자의 뜻과 음을 읽어보고 순서에 따라 써 봅시다.

四 四 四 四 四

四 넉 사	四 넉 사					

🐦 다음 그림에 알맞은 한자(漢字)를 연결하여 봅시다.

1. •　　　　　　　•㉠ 一

2. •　　　　　　　•㉡ 二

🐦 배운 한자(漢字)를 복습해 봅시다.

3. 一의 뜻은 [　　] 이고, [　] 이라고 읽습니다.
4. 二의 뜻은 [　　] 이고, [　] 라고 읽습니다.
5. 三의 뜻은 [　　] 이고, [　] 이라고 읽습니다.
6. 四의 뜻은 [　　] 이고, [　] 라고 읽습니다.

🐦 다음 글을 읽고 밑줄 그은 한자어(漢字語)의 음을 써 봅시다.

7. 오늘은 一[　] 학년과 二[　] 학년이 소풍을 갑니다.
8. 三[　] 반과 四[　] 반이 이어달리기를 합니다.

 다음 한자를 넣어서 한자어(漢字語)를 만들어 봅시다.

 본 단원에서 배운 한자어(漢字語)를 이용하여 짧은 글을 지어 봅시다.

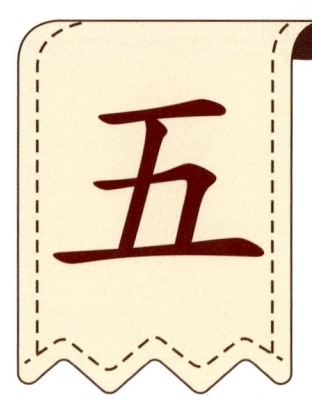

다섯 오

二부 2획 (총4획)

五 🀄 wǔ

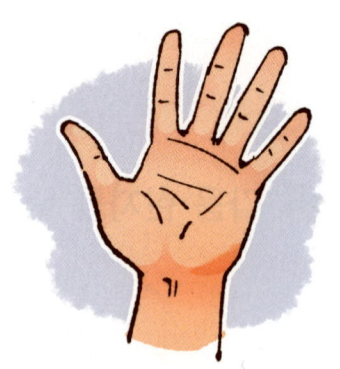

다섯 손가락을 옆으로 편 모양을 본떠서 '다섯 오'

한자어의 뜻과 활용을 알아 봅시다.

- **五**年(오년) : 십년의 절반. 다섯 해. (年 : 해 년)
  - 나는 **五**年(오년) 동안 태권도장에 다녔습니다.
- **五**月(오월) : 한 해의 다섯째 달. (月 : 달 월)
  - **五**月(오월)은 어린이날이 있어 좋습니다.

한자의 뜻과 음을 읽어보고 순서에 따라 써 봅시다.

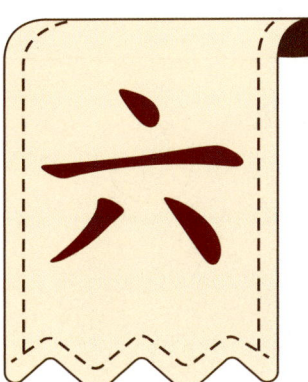

여섯 륙(육)

八부 2획 (총4획)

六 中 liù

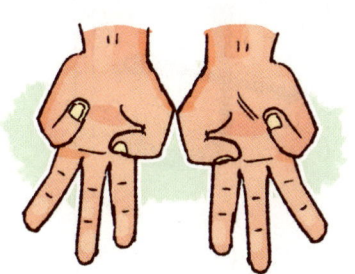

두 손의 세 손가락씩을 아래로 편 모양에서 '여섯 륙'

한자어의 뜻과 활용을 알아 봅시다.

뜻

- 六學年(육학년) : 초등학교 최상급 학년. (學 : 배울 학, 年 : 해 년)
  - 六學年(육학년) 언니들이 태권도 시범을 하였습니다.

활용

- 六月(유월) : 한 해의 여섯째 달. (月 : 달 월)
  - 사과나무 열매솎기는 六月(유월)쯤 해야합니다.

활음조 현상 : 인접한 두 소리를 연이어 발음하기 어려울 때 어떤 소리를 더하거나 빼기도 하고, 때로는 다른 소리로 바꿔서 말하기 쉽게 하는 것. (예) 육월→유월, 십월→시월)

한자의 뜻과 음을 읽어보고 순서에 따라 써 봅시다.

六 六 六 六

六	六						
여섯 육	여섯 육						

일곱 칠

一부 1획 (총2획)

七 中 qī

𠂉 → 七 → 七   하늘(一)의 북두칠성 모양을 본떠서 '일곱 칠'

한자어의 뜻과 활용을 알아 봅시다.

뜻 활용

- 七年(칠년) : 일곱 해. (年 : 해 년)
  - 유관순은 七年(칠년)의 징역형이 내려지고 감옥에 갇혔습니다.

- 七面鳥(칠면조) : 일곱 가지로 색깔이 변하는 꿩과의 새.
  (面 : 낯 면, 鳥 : 새 조)
  - 동물원에서 七面鳥(칠면조)를 보았습니다.

한자의 뜻과 음을 읽어보고 순서에 따라 써 봅시다.

七 七							
七 일곱 칠	七 일곱 칠						

뒷동산 할미꽃

여덟 **팔**

八부 0획 (총2획)

八 中 bā

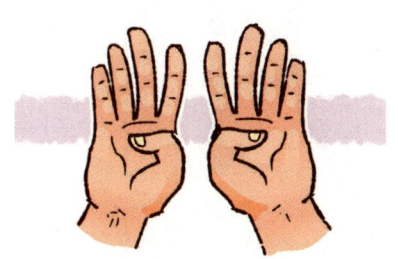

 두 손을 네 손가락씩 위로 편 모양에서 '여덟 팔'

한자어의 뜻과 활용을 알아 봅시다.

- 八月(팔월) : 한해의 여덟 번째 달. (月 : 달 월)
  - 강강수월래는 八月(팔월) 한가위 같은 명절에 하는 민속 놀이입니다.

- 八角(팔각) : 여덟 개의 각. (角 : 뿔 각)
  - 어머니께서 八角(팔각)소반을 다락에서 꺼내셨습니다.

한자의 뜻과 음을 읽어보고 순서에 따라 써 봅시다.

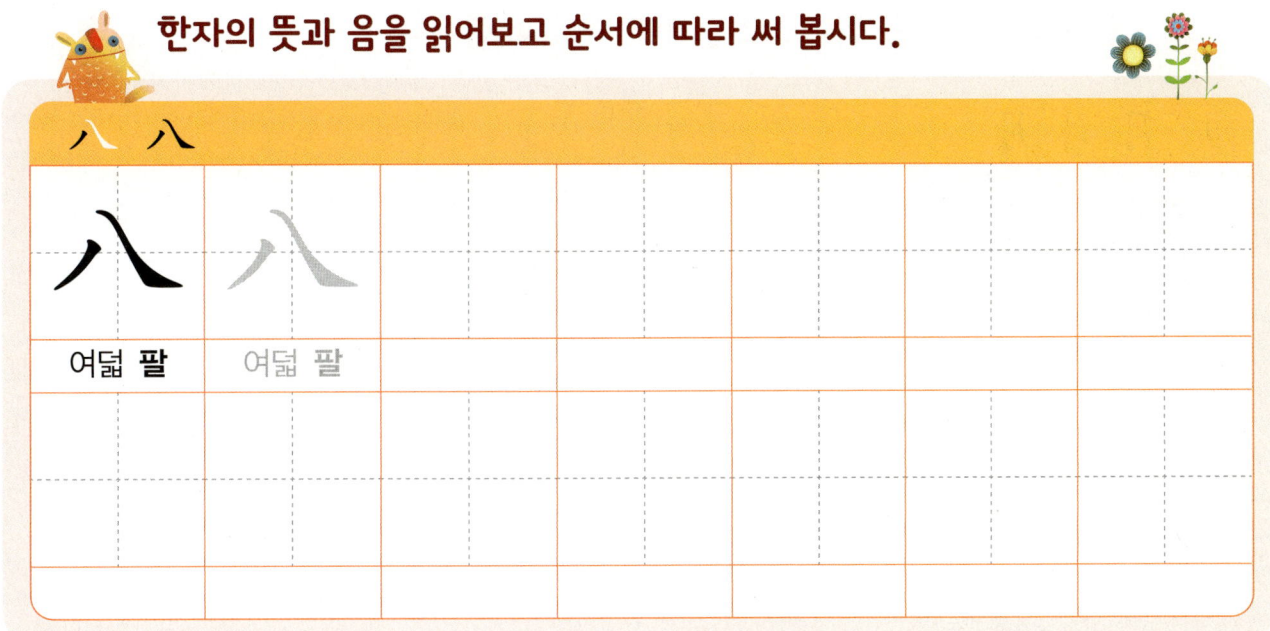

달 월

月부 0획 (총4획)

月 中 yuè

초승달을 본떠서 '달 월'

한자어의 뜻과 활용을 알아 봅시다.

뜻 / 활용

- 月出(월출) : 달이 떠오름. (出 : 날 출)
  - 해가 뜨는 모습도 보기 좋지만 月出(월출)도 멋이 있습니다.

- 月初(월초) : 그 달의 처음. (初 : 처음 초)
  - 수영이는 月初(월초)에 용돈을 받습니다.

한자의 뜻과 음을 읽어보고 순서에 따라 써 봅시다.

月 月 月 月

月	月						
달 월	달 월						

4. 실망스런 첫째딸

늙을 로(노)

老부 0획 (총6획)

老 中 lǎo

지팡이를 짚은 노인을 본떠서 '늙을 로'

한자어의 뜻과 활용을 알아 봅시다.

- 老人(노인) : 늙은 사람. (人 : 사람 인)
  - 老人(노인)이 그 소년에게 소 머리 모양의 탈을 주었습니다.

- 老母(노모) : 늙은 어머니. (母:어미 모)
  - 그는 입원한 老母(노모)를 정성껏 간호하였습니다.

한자의 뜻과 음을 읽어보고 순서에 따라 써 봅시다.

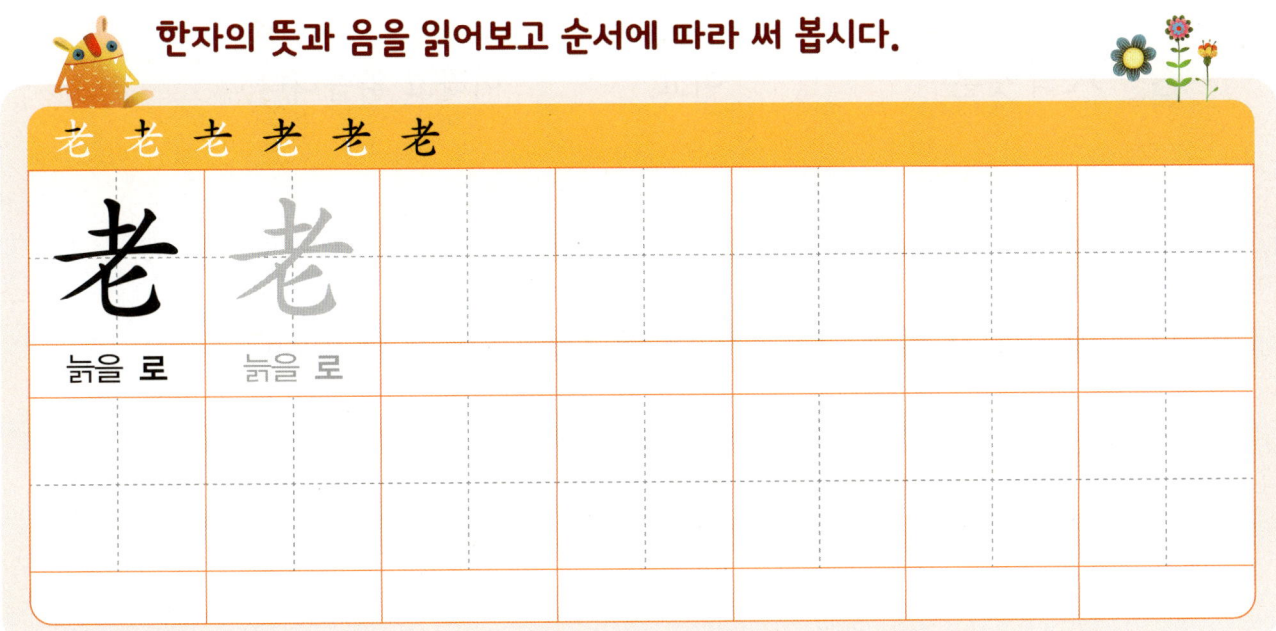

🐦 다음 그림에 알맞은 한자(漢字)를 연결하여 봅시다.

1.  •   • ㉠ 六

2. 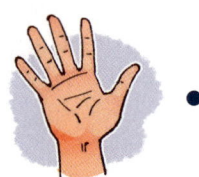 •   • ㉡ 五

🐦 배운 한자(漢字)를 복습해 봅시다.

3. 月의 뜻은 [　　　] 이고, [　　] 이라고 읽습니다.

4. 老의 뜻은 [　　　] 이고, [　　] 라고 읽습니다.

5. 七의 뜻은 [　　　] 이고, [　　] 이라고 읽습니다.

6. 八의 뜻은 [　　　] 이고, [　　] 이라고 읽습니다.

🐦 다음 글을 읽고 밑줄 그은 한자어(漢字語)의 음을 써 봅시다.

7. 五月 [　　　] 은 가정의 달입니다.

8. 여름 방학을 하는 七月 [　　　] 이 기다려집니다.

다음 한자를 넣어서 한자어(漢字語)를 만들어 봅시다.

9. 老(늙을 노) ➡ ☐人 (늙을 노 / 사람 인)   老☐ (늙을 노 / 어머니 모)母

10. 月(달 월) ➡ 正☐ (바를 정 / 달 월)   ☐出 (달 월 / 나갈 출)

본 단원에서 배운 한자어(漢字語)를 이용하여 짧은 글을 지어 봅시다.

八月

🐦 다음 물음을 읽고 알맞은 답을 (   )안에 쓰시오.

1. 다음 한자의 음이 바르게 연결된 것은 무엇입니까? (   )
   ① 八 – 인   ② 二 – 둘   ③ 三 – 삼   ④ 七 – 이

2. 다음 한자의 뜻이 바르게 연결된 것은 무엇입니까? (   )
   ① 六 – 넷   ② 五 – 다섯   ③ 七 – 여섯   ④ 八 – 일곱

3. 다음 한자의 총획이 바르게 연결된 것은 무엇입니까? (   )
   ① 月 – 3획   ② 四 – 4획   ③ 五 – 5획   ④ 老 – 6획

🐦 다음 보기에서 알맞은 한자어(漢字語)를 찾아 쓰시오.

| 보기 | 四月 | 老母 | 老人 |

4. 식목일은 □□ 5일 입니다.

5. 우리 할아버지는 □□ 대학에 다니십니다.

6. 우리 아버지는 늙으신 □□를 정성껏 모시는 효자이십니다.

다음 어원(語原)에 해당하는 한자(漢字)를 줄로 이으시오.

7. 지팡이를 짚은 노인을 본뜬 글자입니다. •   • ㉠ 五

8. 다섯 손가락을 옆으로 편 모양을 본뜬 글자입니다. •   • ㉡ 老

다음 뜻을 보고 알맞은 한자어(漢字語)를 찾아 번호를 쓰시오.

9. '늙으신 어머니'를 나타내는 한자어는 무엇입니까? (   )

　① 老父　　② 老母　　③ 老人　　④ 老夫

10. 어린이날에 해당하는 날짜는 무엇입니까? (   )

　① 五月 一日　② 五月 三日　③ 五月 五日

다음 글을 읽고 (   )안에 한자어(漢字語)의 음(音)을 쓰시오.

五月(11.   ) 八日(12.   )은 어버이날 입니다. 一生(13.   )을 아들, 딸을 위해 고생하신 모든 부모님들께 감사하는 마음으로, 老人(14.   )분들을 공경해야 하겠습니다.

5 보고싶은 막내야!

QR을 찍으면 구연동화로 재생 됩니다.

• 대문, 산천, 석공과 숫자를 나타내는 한자어를 공부해 봅시다.
• 할미꽃이 핀 사연을 알고 부모님을 사랑하는 마음을 기릅시다.

둘째딸이 버선발로 **大門**(대문)

大門(대문) : 큰 문. 집의 정문

까지 뛰어나와 반갑게 맞이하였습니다. 둘째딸은

정성을 다하여 노모를 대접하였습니다. 어느새 **九**(구),

十月(시월) 좋은 계절이 다 지나고 찬바람이 부는 겨울이 다가왔

十月(시월) : 한 해의 열 번째 달. 시월로 읽는 까닭은 발음상 부드럽게 읽기 위함임-활음조 현상

습니다. 그러자 **千**(천)년 만년 함께 살자던 둘째딸의 태도가 차츰 쌀쌀해지는

것이었습니다. 둘째딸은 어머니가 정말로 자기집에 사시려하나 걱정하는 모습

이 눈에 **보이는[示**(시)**]**것입니다. 날씨가 춥지만 둘째딸네 집에서 떠나야겠다

고 작정을 하였습니다.

"날이 풀리면 가시지……"

둘째딸과 石工(석공)일을 하는 사위가 미안한 마음에 따라 나와 말렸으나
石工(석공) : 돌을 깎고 다듬는 일을 하는 사람

어머니는 봇짐을 지고 지팡이를 짚은 채 길을 나섰습니다.

어느덧 차가운 바람에 山川(산천)이 꽁꽁 얼어붙었습니다. 막내딸네 집을
山川(산천) : 산과 내. 자연

찾아 넘는 고개는 그다지 높지 않지만 숨이 차고 다리가 휘청거렸습니다. 막 고개에 오른 어머니는 성급하게 막내딸을 불러봅니다.

"막내야, 막내야~"

할머니는 너무나 숨이 차서 고개에 쓰러졌습니다. 막내딸을 부르다 쓰러지시더니 그만 세상을 뜨신 것입니다. 막내딸은 슬피 울며 어머니를 양지바른 뒷동산에 묻어 드렸습니다. 그 다음해 봄, 할머니 무덤에는 등이 굽고 털이 송송 달린 보라색꽃이 피었습니다. 사람들은 이 꽃을 할미꽃이라 불렀습니다.

새로 배우는 한자

大	門	九	十	千
큰 대	문 문	아홉 구	열 십	일천 천
示	石	工	山	川
보일 시	돌 석	장인 공	메, 산 산	내, 개울 천

이미 배운 한자

月
달 월

5. 보고싶은 막내야

큰 대

大부 0획 (총3획)

大 中 dà, dài

亽 → 大 → 大

사람(人)이 양 팔 벌린 모습에서 '큰 대'

한자어의 뜻과 활용을 알아 봅시다.

- 大門(대문) : 큰 문. 집의 정문. (門 : 문 문)
  - 시골 할머니 댁의 大門(대문)이 활짝 열려 있었습니다.

- 大小(대소) : 크고 작음. (小 : 작을 소)
  - 크고 작은 것을 大小(대소)라고 합니다.

한자의 뜻과 음을 읽어보고 순서에 따라 써 봅시다.

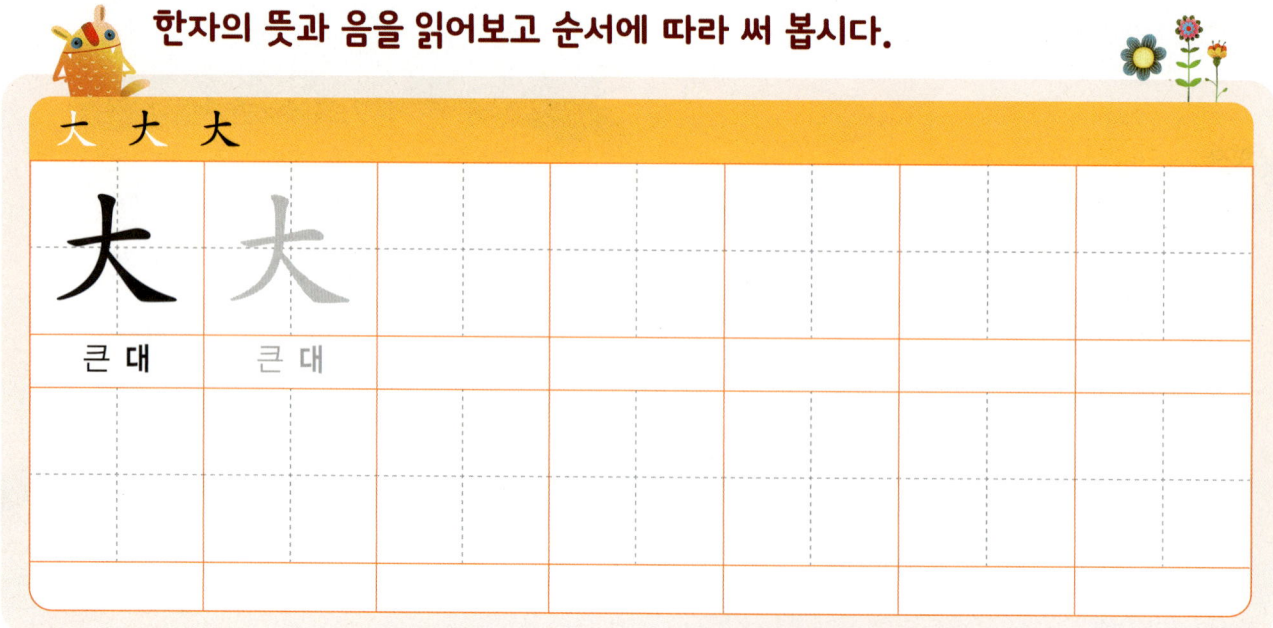

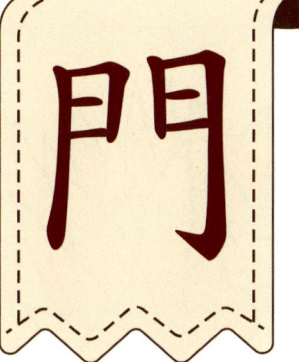

문 문

門부 0획 (총8획)

门 mén

閂 → 閂 → 門   좌우 두 개의 문짝이 붙은 모양을 본떠서 '문 문'

한자어의 뜻과 활용을 알아 봅시다.

- 門前(문전) : 문 앞. (前 : 앞 전)
  - 놀부는 동생 흥부를 門前(문전)에서 쫓아냈습니다.

- 門戶(문호) : 집을 드나드는 입구. (戶 : 지게문 호)
  - 조선은 외국에 門戶(문호)를 개방하였습니다.

한자의 뜻과 음을 읽어보고 순서에 따라 써 봅시다.

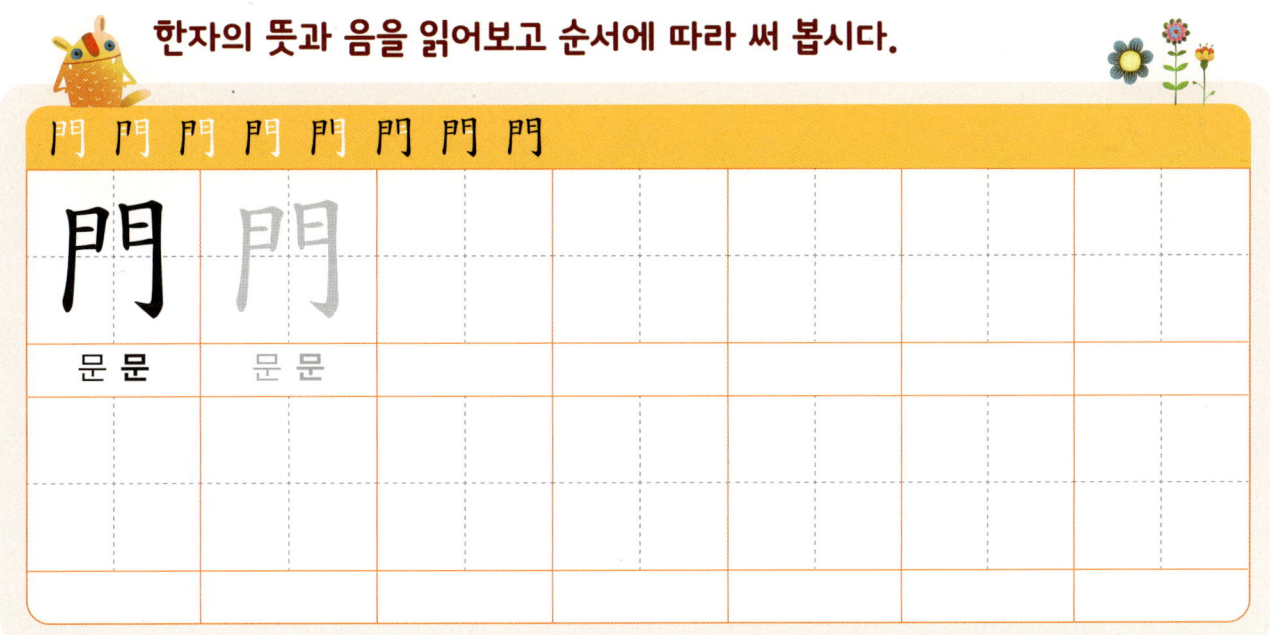

아홉 **구**

乙부 1획 (총2획)

九 中 jiǔ

十 → ㇉ → 九   열 십(十)의 가로줄을 구부려 하나가 모자란 아홉이라는 뜻에서 '아홉 구'

한자어의 뜻과 활용을 알아 봅시다.

뜻 / 활용

- 九十(구십) : 10이 아홉인 수. (十 : 열 십)
  - 수진이 할머니는 올해 연세가 九十(구십)이십니다.

- 九日(구일) : 아홉번째 날. 아흐레. (日 : 날 일)
  - 10월 九日(구일)은 한글날입니다.

한자의 뜻과 음을 읽어보고 순서에 따라 써 봅시다.

九	九						
아홉 구	아홉 구						

5. 보고싶은 막내야

열 십

十부 0획 (총2획)

十 中 shí

 일(一)에 하나(丨)를 그어 한 묶음인 열을 나타내어 '열 십'

한자어의 뜻과 활용을 알아 봅시다.

뜻 / 활용

- 十萬(십만) : 만의 열배. 십만(拾萬). (萬 : 일만 만)
  - 성민이는 꾸준히 저금을 하여 十萬(십만)원을 모았습니다.

- 十月(시월) : 한 해의 열 번째 달. (月:달 월)
  - 十月(시월) 달밤이라 바람이 선들선들합니다.

활음조 현상 : 인접한 두 소리를 연이어 발음하기 어려울 때 어떤 소리를 더하거나 빼기도 하고, 때로는 다른 소리로 바꿔서 말하기 쉽게 하는 것. (예) 십월→시월, 육월→유월)

한자의 뜻과 음을 읽어보고 순서에 따라 써 봅시다.

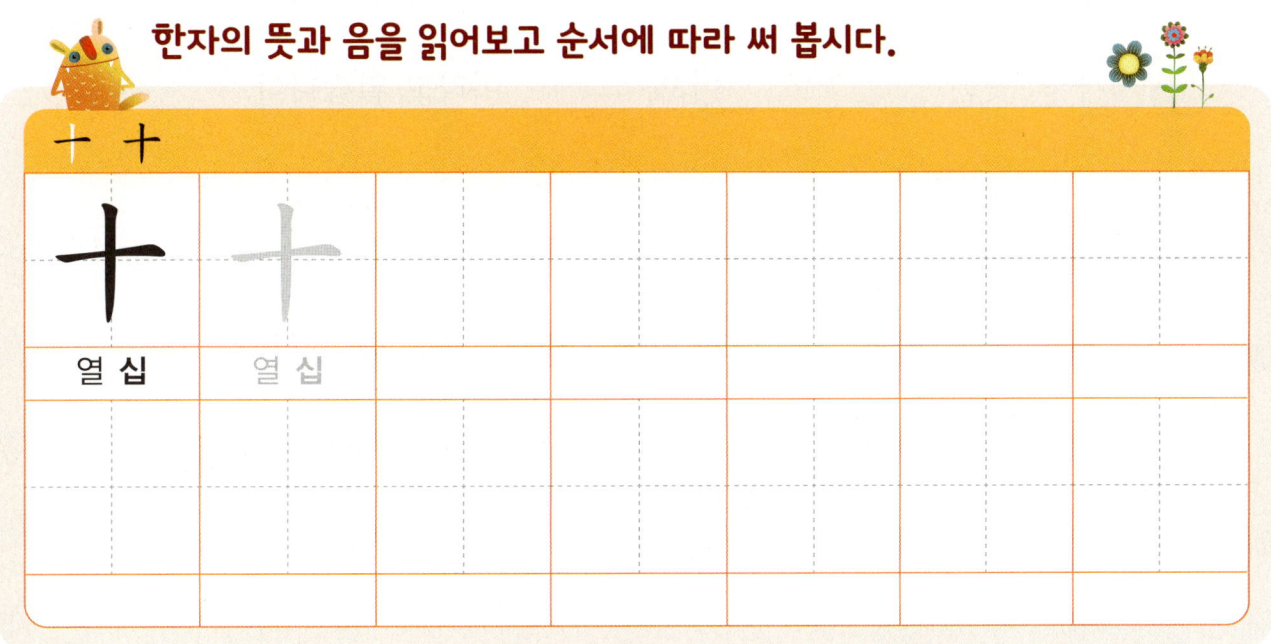

 다음 그림에 알맞은 한자(漢字)를 연결하여 봅시다.

1.  •   • ㉠ 九

2.  •   • ㉡ 十

🐦 배운 한자(漢字)를 복습해 봅시다.

3. 大의 뜻은 ☐ 이고, ☐ 라고 읽습니다.
4. 門의 뜻은 ☐ 이고, ☐ 이라고 읽습니다.
5. 九의 뜻은 ☐ 이고, ☐ 라고 읽습니다.
6. 十의 뜻은 ☐ 이고, ☐ 이라고 읽습니다.

🐦 다음 글을 읽고 밑줄 그은 한자어(漢字語)의 음을 써 봅시다.

7. 나는 그만 <u>大門</u> ☐ 밖까지 떠밀려가고 말았습니다.
8. 우리 할아버지 연세는 <u>九十</u> ☐ 세 이십니다.

🐦 다음 한자를 넣어서 한자어(漢字語)를 만들어 봅시다.

9. | 大 | → | 巨 | | | 西 | 洋 |
   | 큰 대 | | 클 거 | 큰 대 | | 큰 대 | 서녘 서 | 큰바다 양 |

10. | 門 | → | | 戶 | | | 前 |
    | 문 문 | | 문 문 | 지게 호 | | 문 문 | 앞 전 |

🐦 본 단원에서 배운 한자어(漢字語)를 이용하여 짧은 글을 지어 봅시다.

大門

일천 **천**

十부 1획 (총3획)

千 中 qiān

夅 → 쿠 → 千

사람(亻)들이 가로(一)로 죽 늘어선 모양에서 많은 수를 나타내어 '일천 천'
- 亻= 人(사람 인), 一(한 일)

한자어의 뜻과 활용을 알아 봅시다.

- **千**里(천리) : 1리의 천배. (里 : 마을 리, 거리 리)
  - '**千**里(천리)길도 한 걸음부터'라는 속담이 있습니다.

- **千**年(천년) : 백년의 열 갑절. 아주 오랜 세월. (年 : 해 년)
  - 그 산 속에는 **千**年(천년) 묵은 여우가 산다고 합니다.

한자의 뜻과 음을 읽어보고 순서에 따라 써 봅시다.

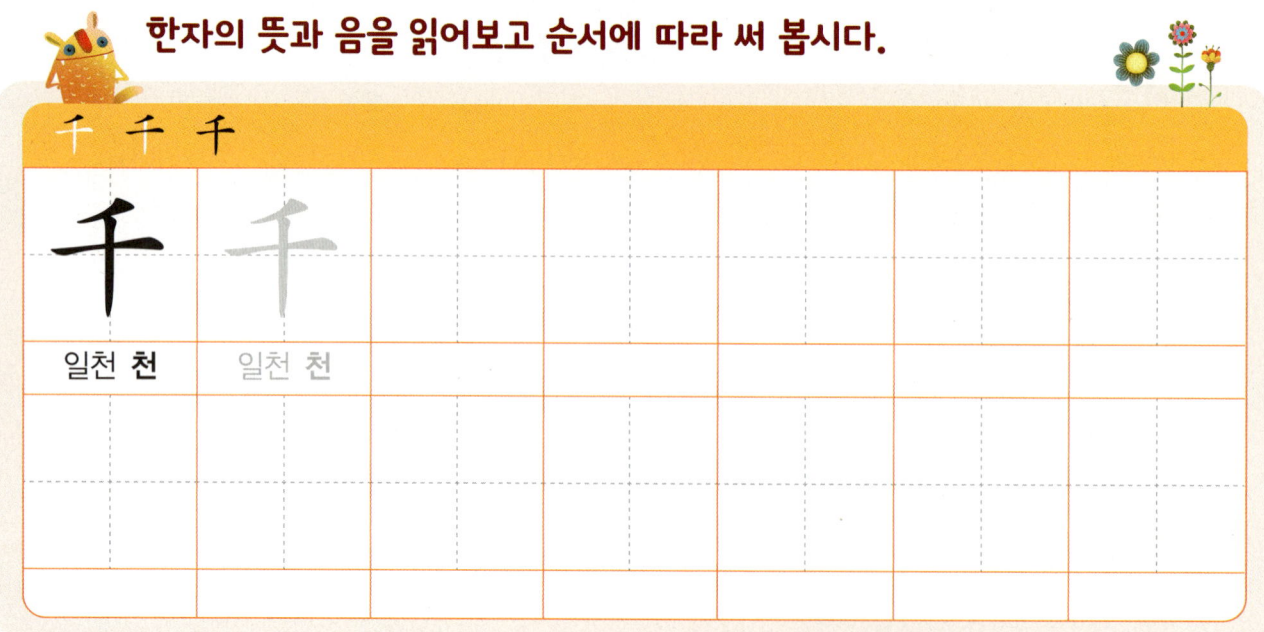

뒷동산 할미꽃　5. 보고싶은 막내야

보일 시

示부 0획 (총5획)

示　中 shì

제사를 지내기 위해 제물을 올린 제사상을 본떠서 '보일 시'

한자어의 뜻과 활용을 알아 봅시다.

뜻 / 활용

- 展示(전시) : 물품을 늘어 놓고 일반에게 보임. (展 : 펼 전)
  – 우리 학교에서 작품 展示(전시)를 하였습니다.

- 表示(표시) : 생각이나 감정을 겉으로 나타내 보임. (表 : 겉 표)
  – 명수는 신발 주머니에 동그라미 表示(표시)를 하였습니다.

한자의 뜻과 음을 읽어보고 순서에 따라 써 봅시다.

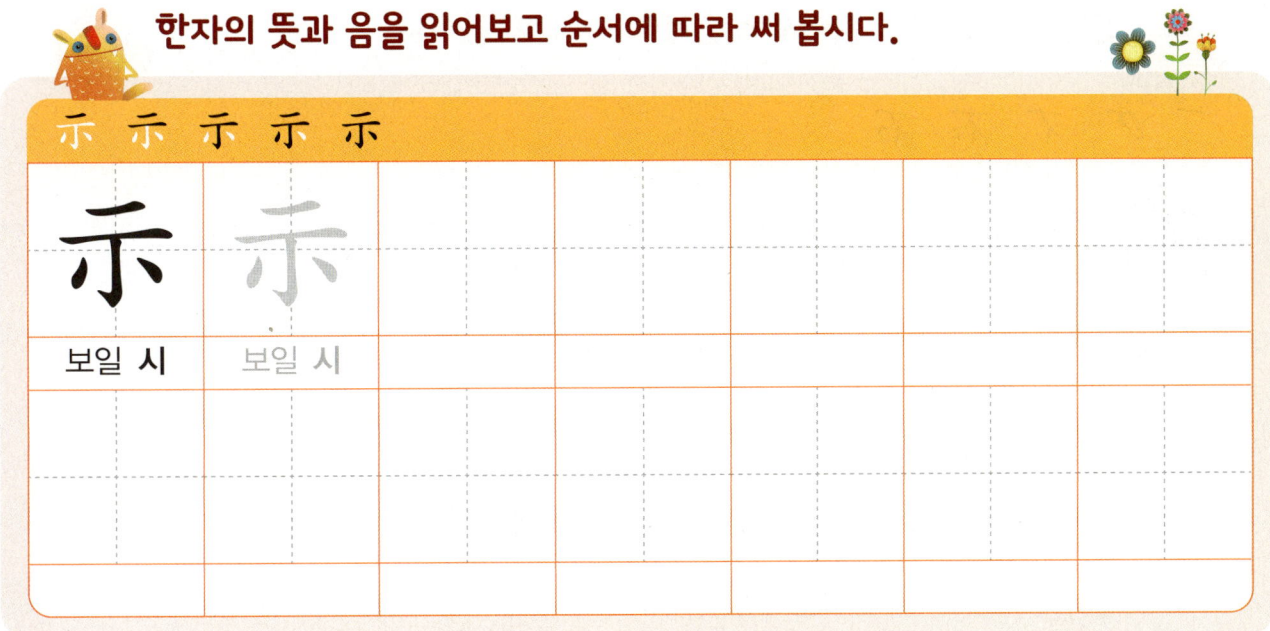

5. 보고싶은 막내야

돌 석

石부 0획 (총5획)

石　中 shí

언덕(厂)밑에 있는 돌(口)을 본떠서 '돌 석'
- 厂(언덕 엄), 口('입 구, 구멍 구'이나 여기서는 돌로 봄)

한자어의 뜻과 활용을 알아 봅시다.

뜻

- 石工(석공) : 돌을 가공하는 사람. (工 : 장인 공)
  - 돌쇠라는 石工(석공)은 구름이 되고 싶었습니다.

활용

- 木石(목석) : 나무와 돌. (木 : 나무 목)
  - 그 정원은 木石(목석)으로 꾸며져 있습니다.

한자의 뜻과 음을 읽어보고 순서에 따라 써 봅시다.

石 石 石 石 石

石	石					
돌 석	돌 석					

뒷동산 할미꽃

工 장인 공

工부 0획 (총3획)

工 ⊕ gōng

ㄱ → ㄱ → 工

장인이 물건을 만들 때 쓰는 자를 본떠서 '장인 공'

한자어의 뜻과 활용을 알아 봅시다.

뜻 / 활용

- 工夫(공부) : 학문. 기술을 배우고 익힘. (夫 : 남편 부)
  - 숙제를 해야 스스로 工夫(공부)하는 힘이 생깁니다.

- 工場(공장) : 상품을 생산하는 장소. (場 : 마당 장)
  - 工場(공장)에서는 많은 물건을 만들어 냅니다.

한자의 뜻과 음을 읽어보고 순서에 따라 써 봅시다.

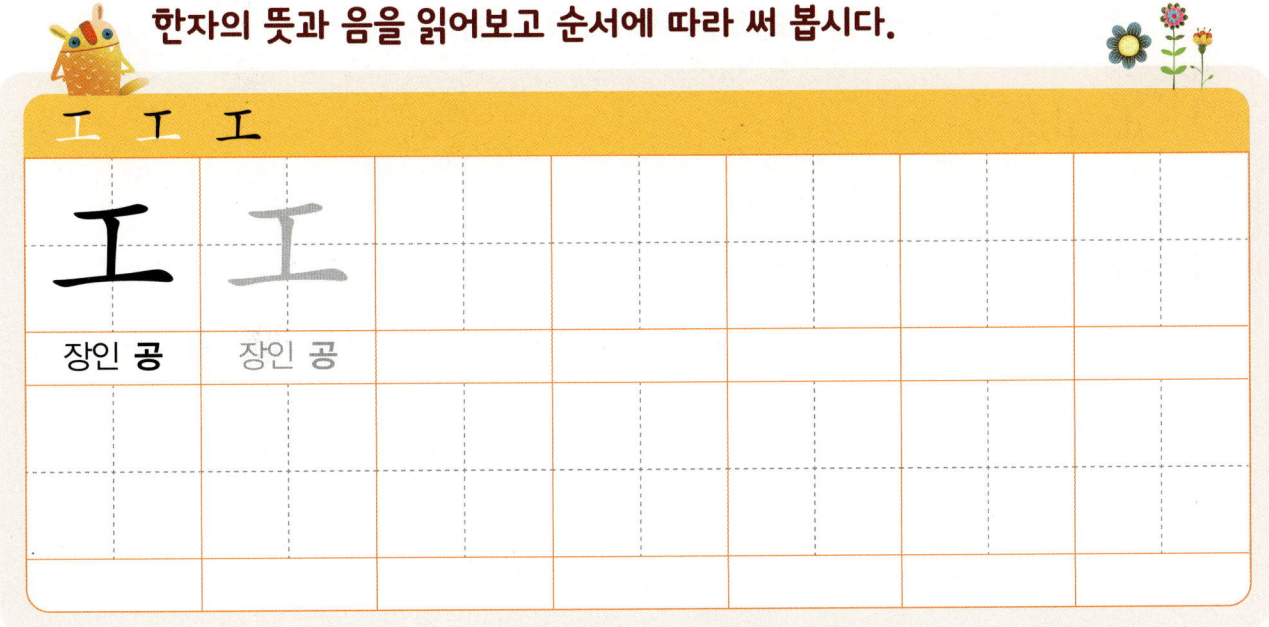

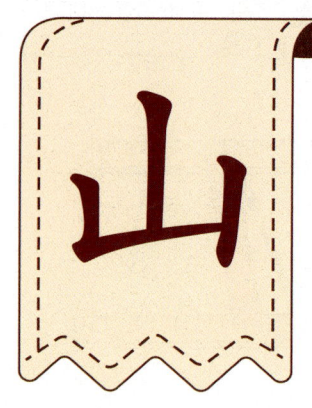

메, 산 산

山부 0획 (총3획)

山　中 shān　반의어 川(내 천)

⛰ → 山 → 山　　높고 낮은 산을 본떠서 '산 산'

한자어의 뜻과 활용을 알아 봅시다.

- 山川(산천) : 산과 내. (川 : 내 천)
  - 봄이 되면 山川(산천)에 꽃들이 피어납니다.

- 山城(산성) : 산 위에 쌓아 놓은 성. (城 : 성 성)
  - 권율 장군은 행주山城(산성)에서 왜군을 물리쳤습니다.

한자의 뜻과 음을 읽어보고 순서에 따라 써 봅시다.

山 山 山

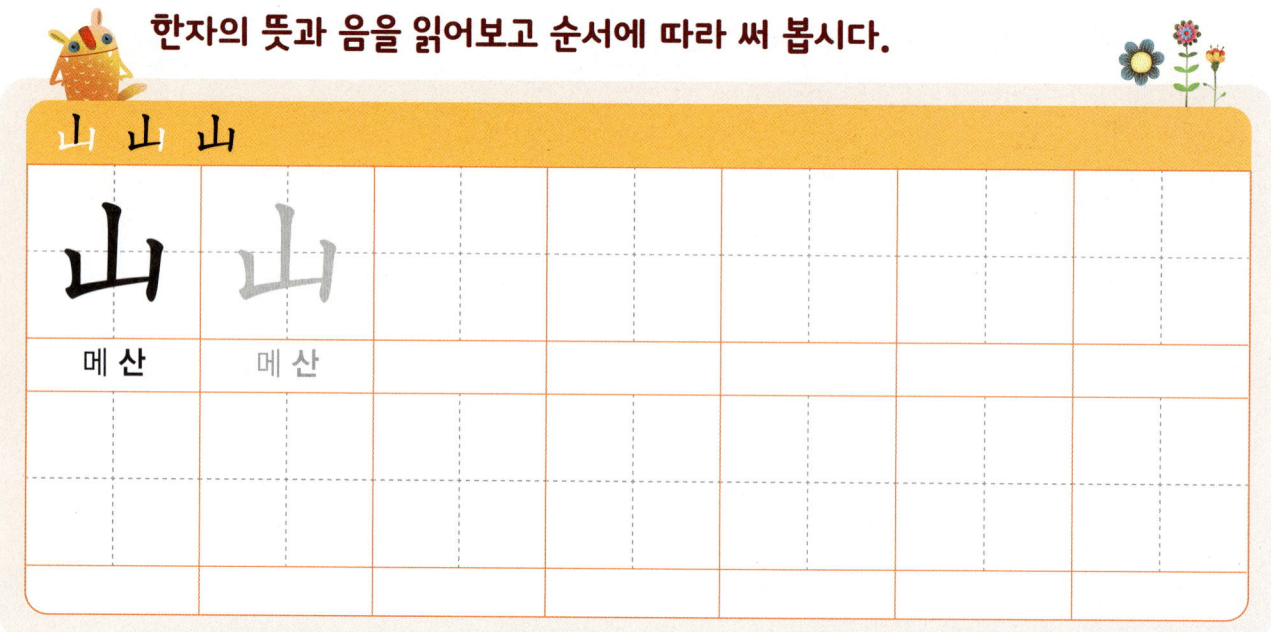

메 산　메 산

내, 개울 **천**

川부 0획 (총3획)

川 中 chuàn

川 → 川 → 川   물 흐르는 내를 본떠서 '내 천'

한자어의 뜻과 활용을 알아 봅시다.

- **開川(개천)** : 물이 흘러가게 길게 판 내. (開 : 열 개)
  - 반딧불이는 농촌의 논이나 **開川(개천)**에서 흔히 볼 수 있었습니다.

- **大川(대천)** : 이름난 큰 내. (大 : 큰 대)
  - 여름철이면 **大川(대천)** 해수욕장에 사람들이 붐빕니다.

한자의 뜻과 음을 읽어보고 순서에 따라 써 봅시다.

川 川 川

川	川					
내 천	내 천					

다음 그림에 알맞은 한자(漢字)를 연결하여 봅시다.

1. ●   ● ㉠ 山

2. ●   ● ㉡ 川

배운 한자(漢字)를 복습해 봅시다.

3. 大의 뜻은 [   ] 이고, [   ] 라고 읽습니다.
4. 示의 뜻은 [   ] 이고, [   ] 라고 읽습니다.
5. 石의 뜻은 [   ] 이고, [   ] 이라고 읽습니다.
6. 工의 뜻은 [   ] 이고, [   ] 이라고 읽습니다.

다음 글을 읽고 밑줄 그은 한자어(漢字語)의 음을 써 봅시다.

7. 탑을 완성하기 위해 <u>石工</u> [   ] 은 쉬지 않고 일합니다.
8. 우리나라는 <u>山川</u> [   ] 이 아름답습니다.

🐥 다음 한자를 넣어서 한자어(漢字語)를 만들어 봅시다.

🐥 본 단원에서 배운 한자어(漢字語)를 이용하여 짧은 글을 지어 봅시다.

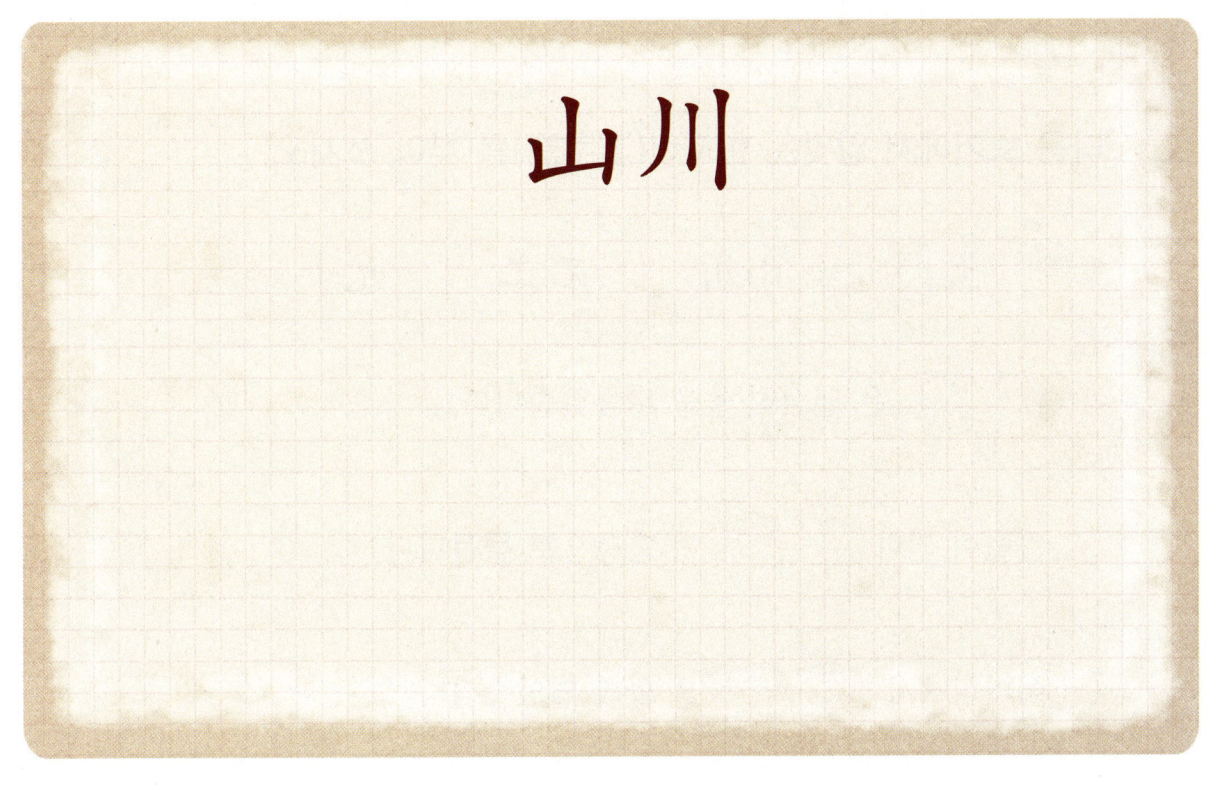

단원평가

🐦 다음 물음을 읽고 알맞은 답을 (　　)안에 쓰시오.

1. 다음 한자의 음이 바르게 연결된 것은 무엇입니까? (　　)
   ① 石 - 석　　② 工 - 십　　③ 門 - 공　　④ 九 - 문

2. 다음 한자의 뜻이 바르게 연결된 것은 무엇입니까? (　　)
   ① 十 - 아홉　　② 大 - 문　　③ 千 - 열　　④ 示 - 보이다

3. 다음 한자의 총획이 바르게 연결된 것은 무엇입니까? (　　)
   ① 大 - 3획　　② 示 - 4획　　③ 山 - 5획　　④ 門 - 6획

🐦 다음 보기에서 알맞은 한자어(漢字語)를 찾아 쓰시오.

보기　大門　　山川　　石工　　九十

4. ☐☐ 은 열심히 돌을 다듬었습니다.

5. 가을이 되니 ☐☐ 이 단풍으로 물듭니다.

6. 어머니께서 ☐☐ 을 활짝 열었습니다.

다음 어원(語原)에 해당하는 한자(漢字)를 줄로 이으시오.

7. 언덕 밑에 있는 돌의 모양을 본 뜬 글자입니다.   •   • ㉠ 石

8. 제사를 지내기 위해 제물을 올린 제사상을 본뜬 글자입니다.   •   • ㉡ 示

다음 뜻을 보고 알맞은 한자어(漢字語)를 찾아 번호를 쓰시오.

9. '돌로 만든 문'을 나타내는 한자어는 무엇입니까? (   )

① 水門　　　② 金門　　　③ 大門　　　④ 石門

10. 한글날에 해당하는 날짜는 무엇입니까? (   )

① 九月 九日　　② 九月 十日　　③ 十月 九日

다음 글을 읽고 (   )안에 한자어(漢字語)의 음(音)을 쓰시오.

신라는 千(**11.**   )년 동안 많은 문화재를 남겼습니다. 그 뒤에는 위대한 石工(**12.**   )들의 노력이 있었습니다. 지금 오랜 시간이 지나 山川(**13.**   )은 변했지만, 남아있는 많은 문화재들은 우리에게 신라를 느낄 수 있는 大門(**14.**   ) 역할을 해줍니다.

나는 무엇일까요?

우리 가족을 소개해 볼까요?
다음 표에 보기와 같이 우리 가족의 나이와 생일을 한자(漢字)로 쓰고 간단한 소개를 해 봅시다.

보기

관계	이름	나이	생일	간단한 소개
나	장찬일	八세	十一月六日	피아노를 잘 치고 친구와 노는 것을 좋아해.

관계	이름	나이	생일	간단한 소개
		세		
		세		
		세		
		세		
		세		

뒷동산 할미꽃

身土不二
몸신 흙토 아니불 두이

'몸과 흙은 둘이 아님'으로, 우리 땅에서 나는 농산물이 몸에 좋다는 말.

한 번 밖에 명령을 못하는 임금님

QR을 찍으면 구연동화로 재생 됩니다.

- 이야기와 관련한 부수 한자를 공부해 봅시다.
- 양치기가 된 임금님이 행복한 까닭을 알아봅시다.

① 옛날, 아주 먼 옛날 어느 **작은**[小(소)]나라에 한 임금님이 살고 있었습니다. 그 나라 임금님은 **신하**[臣(신)]나 백성들 앞에 임금의 권위가 없었습니다. 왜냐하면 임금님이 되면 不(불)필요한 말은 해서는 안되고 단 한 번의 명령밖에 내릴 수 없다는 운명을 타고났기 때문입니다.

"딱 한 번의 명령! 언제 그 명령을 내려야 하는 거지?"

고민이 되어 신하들에게 의논하면 신하들끼리 지금은 때가 **아니라**[非(비)]고 우기며 다투었습니다. 임금님은 그 명령을 내려야 할 때를 찾느라 항상 불안하였습니다.

그러던 어느 날 임금님은 몰래 대궐을 빠져 나왔습니다. 어느 마을 입구에 있는 큰 **나무**[木(목)]아래 앉아 사람들과 이야기를 나누었습니다. 그런데 이게 웬일

입니까? 우마차를 끄는 미천한 백성부터 고기잡는 어부들조차 자신의 생각에 따라 집안일을 결정하고 가족들에게 명령을 내리는 것이었습니다. 이에 임금님은 더 실망을 하고, 자신의 운명을 그렇게 만든 하늘의 별을 원망했습니다.

'한 나라의 **우두머리**[首(수)]인 임금을 바보로 만들다니? 괘씸한 별들, 저 별들을 혼내줄 수는 없을까?'

며칠간 고민하던 끝에 드디어 문득 생각이 떠올랐습니다. 궁궐 밖으로 뛰쳐나간 임금님은 무수히 떠 있는 밤하늘의 별들을 향해 **큰**[太(태)]소리를 질렀습니다.

"이 못된 별들아! 모조리 떨어져 꽃이 되거라! 내 너를 밟아 주리라."

드디어 일생 단 한번 내릴 수 있는 명령을 별들에게 던진 것입니다. 그러자 별들은 주르르 **흙**[土(토)] 위에 떨어져 노란빛의 민들레꽃이 되었습니다.

임금님은 양치기로 변하였습니다. **털**[毛(모)] 모자를 쓰고 사랑하는 **개**[犬(견)]와 함께 들판에 피어 있는 민들레꽃들을 실컷 밟고 다녔습니다. 그러자 임금님은 행복하였습니다.

小	臣	不	非	木
작을 **소**	신하 **신**	아닐 **불, 부**	아닐 **비**	나무 **목**
首	太	土	毛	犬
머리 **수**	클 **태**	흙 **토**	털 **모**	개 **견**

작을 소

小부 0획 (총3획)

小 xiǎo

 물건 하나(亅)를 나누면(八) 작아지니 '작을 소'
• 亅(갈고리 궐), 八(여덟 팔, 나눌 팔)

한자어의 뜻과 활용을 알아 봅시다.

- 大小事(대소사) : 크고 작은 일. (大 : 큰 대, 事 : 일 사)
  - 삼촌은 우리 집 大小事(대소사) 때면 꼭 제 몫을 하시는 사람입니다.
- 小食(소식) : 음식을 적게 먹음. (食 : 먹을 식)
  - "사람은 小食(소식)을 해야 건강하다."고 합니다.

한자의 뜻과 음을 읽어보고 순서에 따라 써 봅시다.

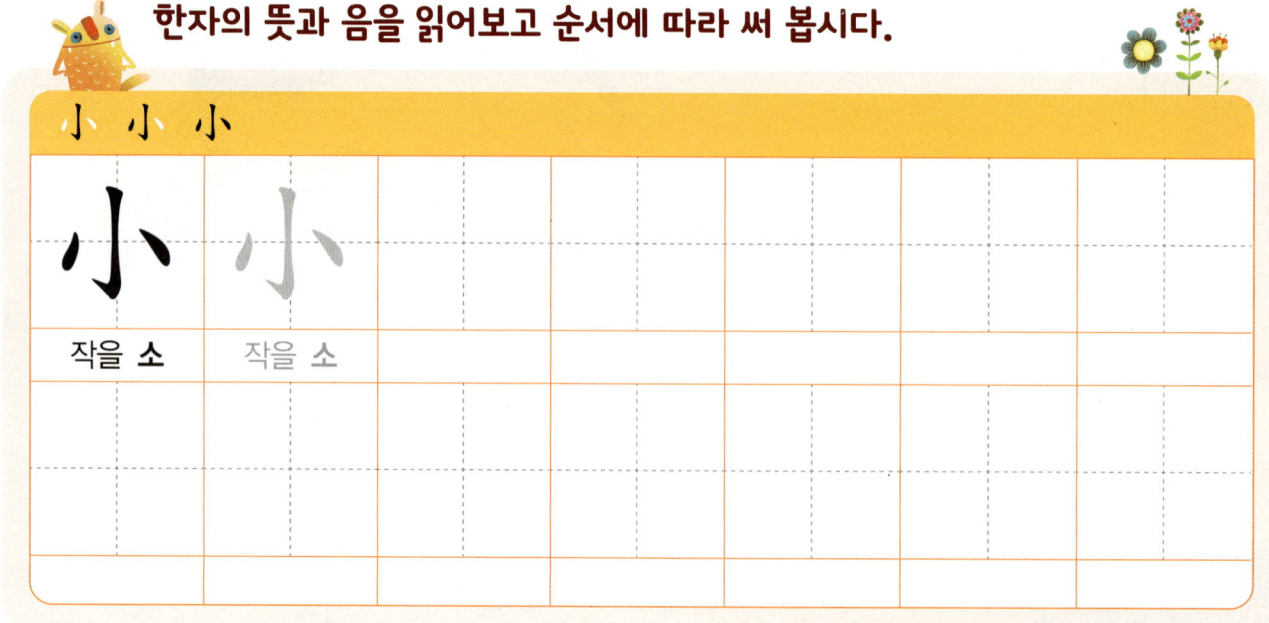

한 번밖에 명령을 못하는 임금님

臣

신하 신

臣부 0획 (총6획)

臣　中 chén

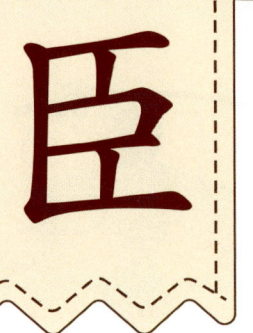 신하가 임금에게 굴복하여 몸을 굽히고 있는 모양을 본떠서 '신하 신'

한자어의 뜻과 활용을 알아 봅시다.

뜻 / 활용

- 臣下(신하) : 임금을 돕고 섬기는 사람. (下 : 아래 하)
  - 세종 임금은 자기 몸처럼 臣下(신하)들을 돌보았습니다.

- 使臣(사신) : 임금의 명으로 외국에 심부름 가는 신하. (使 : 부릴 사)
  - 중국 使臣(사신)이 거들먹거리며 들어왔습니다.

한자의 뜻과 음을 읽어보고 순서에 따라 써 봅시다.

臣 臣 臣 臣 臣 臣

臣	臣				
신하 신	신하 신				

아닐 **불, 부**

一부 3획 (총4획)

不　中 bù　동의어 非(아닐 비)

새가 하늘을 날아 오르는 모양을 본떠서 '아닐 불·부'
• 'ㄷ, ㅈ'으로 시작되는 말 앞에서는 '부'로 발음됨.

한자어의 뜻과 활용을 알아 봅시다.

뜻 활용

- 不平(불평) : 못마땅하게 여김. (平 : 평평할 평)
  - 하느님도 동물들이 不平(불평)하는 소리를 듣게 되었습니다.

- 不便(불편) : 편리하지 않음. (便 : 편할 편)
  - 동생은 다리를 다쳐서 걷기가 不便(불편)합니다.

한자의 뜻과 음을 읽어보고 순서에 따라 써 봅시다.

不 不 不 不

不	不						
아닐 **불, 부**	아닐 불, 부						

한 번 밖에 명령을 못하는 임금님

한 번 밖에 명령을 못하는 임금님

아닐 비

非부 0획 (총8획)

非 中 fēi

 새의 날개가 엇갈려 있음을 본떠서 '어긋날 비'
또 어긋나면 아니된다고 나무라니 '아닐 비'

한자어의 뜻과 활용을 알아 봅시다.

- **非**行(비행) : 도덕이나 국법에서 벗어나는 행동. (行 : 다닐 행)
  - 요즈음 청소년의 **非**行(비행)이 사회적 문제가 되고 있습니다.

- **非**情(비정) : 인정이 없이 몹시 쌀쌀함. (情 : 뜻 정)
  - 놀부는 동생 흥부에게 **非**情(비정)한 형입니다.

한자의 뜻과 음을 읽어보고 순서에 따라 써 봅시다.

非 非 非 非 非 非

非 아닐 비	非 아닐 비					

111

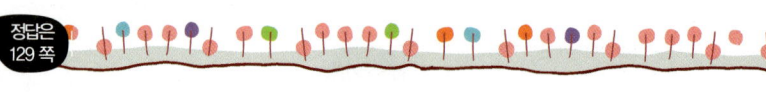

 다음 그림에 알맞은 한자(漢字)를 연결하여 봅시다.

1.  •   • ㉠ 臣

2.  •   • ㉡ 小

🐦 배운 한자(漢字)를 복습해 봅시다.

3. 小의 뜻은 [　　] 이고, [　] 라고 읽습니다.
4. 臣의 뜻은 [　　] 이고, [　] 이라고 읽습니다.
5. 不의 뜻은 [　　] 이고, [　] 이라고 읽습니다.
6. 非의 뜻은 [　　] 이고, [　] 라고 읽습니다.

🐦 다음 글을 읽고 밑줄 그은 한자어(漢字語)의 음을 써 봅시다.

7. 小臣 [　　] 드릴 말씀이 있습니다.
8. 꾸준히 노력하면 不 [　　] 가능한 일이란 없습니다.

다음 한자를 넣어서 한자어(漢字語)를 만들어 봅시다.

9. 不 (아닐 불,부) → [　　] 平 (아닐 불,부 / 평평할 평) [　　] 便 (아닐 불,부 / 편할 편)

10. 非 (아닐 비) → [　　] 行 (아닐 비 / 다닐 행) [　　] 情 (아닐 비 / 뜻 정)

본 단원에서 배운 한자어(漢字語)를 이용하여 짧은 글을 지어 봅시다.

臣下

나무 목

木부 0획 (총4획)

木 ㊥ mù

가지 달린 나무를 본떠서 '나무 목'

한자어의 뜻과 활용을 알아 봅시다.

- 木刻(목각) : 그림 글씨를 나무에 새김. (刻 : 새길 각)
  - 김정호는 木刻(목각)을 종이에 찍었습니다.

- 木手(목수) : 나무를 다루는 직업을 가진 사람. (手 : 사람 수, 손 수)
  - 왕자는 木手(목수)에게 집 짓는 법을 가르쳐 달라고 하였습니다.

한자의 뜻과 음을 읽어보고 순서에 따라 써 봅시다.

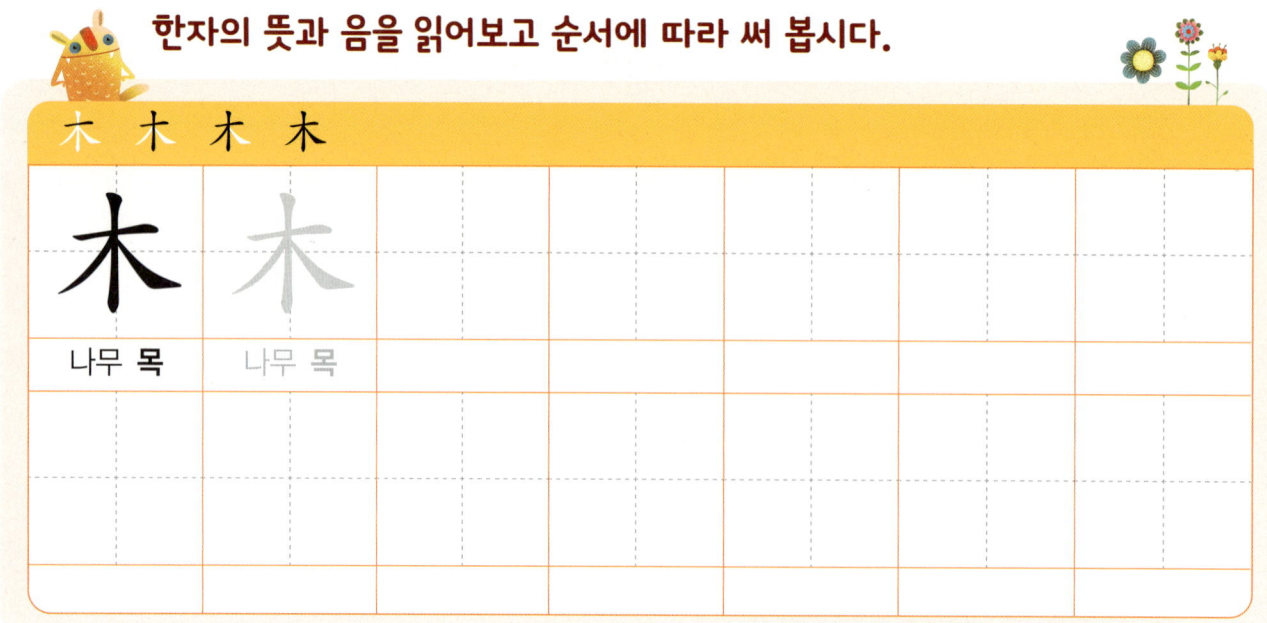

 한 번밖에 명령을 못하는 임금님

首 머리 수

首부 0획 (총9획)

首 中 shǒu

머리털(亠) 아래 이마(丨)와 눈(目)을 본떠서 '머리 수'
- 目(눈 목)

한자어의 뜻과 활용을 알아 봅시다.

- **首**都(수도) : 한나라의 중앙 정부가 있는 도시. (都 : 도읍 도)
  – 우리나라의 **首**都(수도)는 서울입니다.

- **首**席(수석) : 시험에서 가장 좋은 성적을 얻은 사람. (席 : 자리 석)
  – 우리 형은 대학 입시에서 **首**席(수석)을 하였습니다.

한자의 뜻과 음을 읽어보고 순서에 따라 써 봅시다.

首 首 首 首 首 首 首 首 首

首	首							
머리 수	머리 수							

115

클 태

大부 1획 (총4획)

太 中 tài

夳 → 夳 → 太

큰 대(大)에 점(丶)을 찍어 더 큼을 나타내어 '클 태'
- 大(큰 대), 丶(점 주)

한자어의 뜻과 활용을 알아 봅시다.

뜻
활용

- 太陽(태양) : 해. (陽 : 볕 양)
  – 여름철에는 太陽(태양)의 열이 무척 뜨겁습니다.

- 太宗(태종) : 조선 왕조 3대 임금. (이름 : 방원) (宗 : 마루 종)
  – 세종대왕은 太宗(태종)의 셋째 아들입니다.

한자의 뜻과 음을 읽어보고 순서에 따라 써 봅시다.

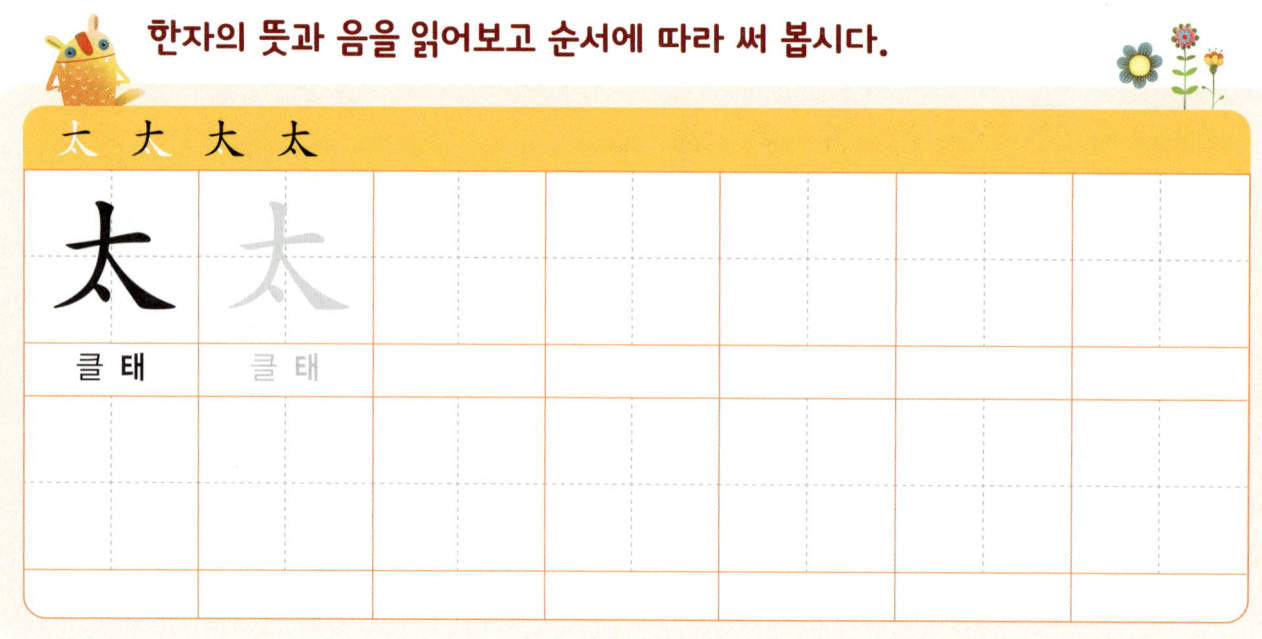

한 번 밖에 명령을 못하는 임금님

흙 **토**

土부 0획 (총3획)

土 中 tǔ

 土

많은(十)것들이 살아가는 땅(一)이니 '흙 토'
· 十(열 십, 많을 십), 一(한 일)

한자어의 뜻과 활용을 알아 봅시다.

- **土**種(**토**종) : 재래종, 본토박이. (種 : 씨 종)
  - 황소개구리는 **土**種(**토**종) 개구리를 잡아먹는다고 합니다.

- **土**地(**토**지) : 땅. 토양. (地 : 땅 지)
  - **土**地(**토**지)는 농민들의 귀중한 재산입니다.

한자의 뜻과 음을 읽어보고 순서에 따라 써 봅시다.

土 土 土

土	土					
흙 토	흙 토					

 털 모

毛부 0획 (총4획)

毛 中 máo

짐승의 꼬리털 모양을 본떠서 '털 모'

한자어의 뜻과 활용을 알아 봅시다.

- 毛皮(모피) : 털과 가죽. (皮 : 가죽 피)
 – 동물 보호 단체들은 毛皮(모피)로 만든 옷을 입지 말자고 합니다.

- 羊毛(양모) : 양의 털. (羊 : 양 양)
 – 羊毛(양모)로 만든 옷은 무척 따뜻합니다.

한자의 뜻과 음을 읽어보고 순서에 따라 써 봅시다.

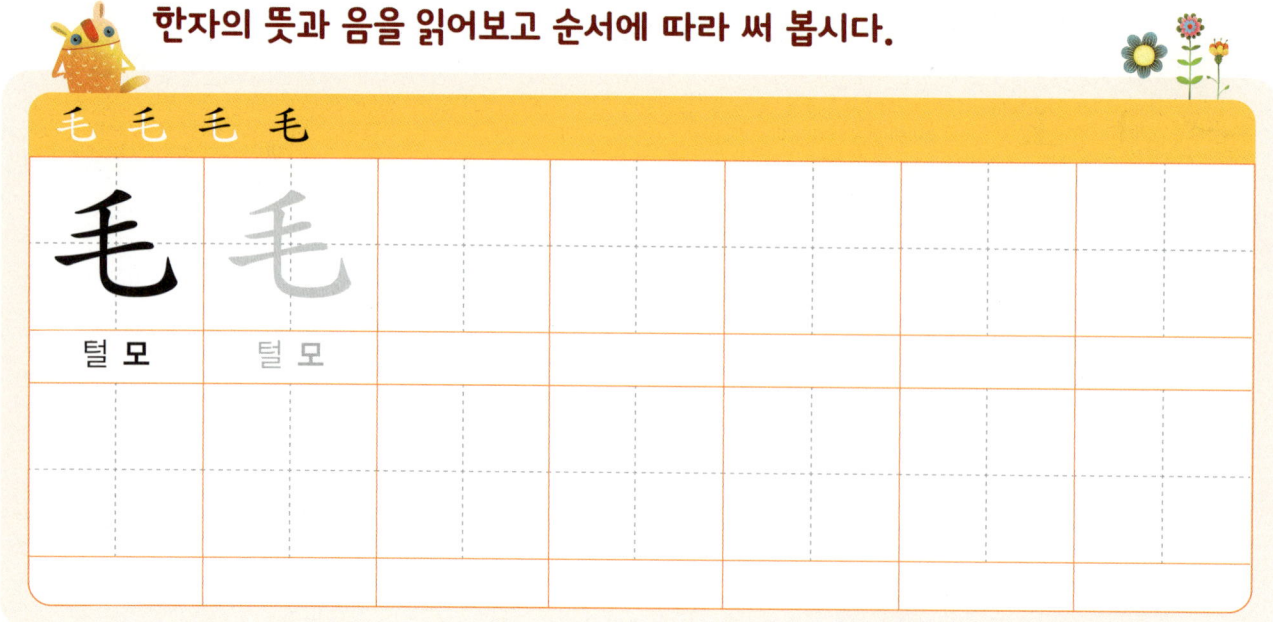

 한 번 밖에 명령을 못하는 임금님

犬 개 견

犬부 0획 (총4획)

犬 中 quǎn

앞발을 쳐든 개의 모양을 본떠서 '개 견'
- 大(큰 대), 丶(점 주)

한자어의 뜻과 활용을 알아 봅시다.

뜻

- 愛犬(애견) : 개를 사랑함. (愛 : 사랑 애)
  - 우리 집 愛犬(애견)의 이름은 뽀미입니다.

- 忠犬(충견) : 주인에게 충직한 개. (忠 : 충성할 충)
  - 진돗개는 忠犬(충견)입니다.

활용

한자의 뜻과 음을 읽어보고 순서에 따라 써 봅시다.

ー ナ 大 犬

犬	犬						
개 견	개 견						

 다음 그림에 알맞은 한자(漢字)를 연결하여 봅시다.

1. 🐕 • • ㉠ 木

2. 🌳 • • ㉡ 犬

 배운 한자(漢字)를 복습해 봅시다.

3. 首의 뜻은 ☐ 이고, ☐ 라고 읽습니다.
4. 太의 뜻은 ☐ 이고, ☐ 라고 읽습니다.
5. 毛의 뜻은 ☐ 이고, ☐ 라고 읽습니다.
6. 土의 뜻은 ☐ 이고, ☐ 라고 읽습니다.

 다음 글을 읽고 밑줄 그은 한자어(漢字語)의 음을 써 봅시다.

7. 집을 짓기 위해 <u>土木</u> ☐ 공사 중입니다.

8. <u>羊毛</u> ☐ 는 옷감을 만드는 좋은 재료입니다.

🐦 다음 한자를 넣어서 한자어(漢字語)를 만들어 봅시다.

🐦 본 단원에서 배운 한자어(漢字語)를 이용하여 짧은 글을 지어 봅시다.

단원평가

🐦 다음 물음을 읽고 알맞은 답을 ( )안에 쓰시오.

1. 다음 한자의 음이 바르게 연결된 것은 무엇입니까? ( )
   ① 土 - 사   ② 非 - 목   ③ 不 - 불   ④ 犬 - 태

2. 다음 한자의 뜻이 바르게 연결된 것은 무엇입니까? ( )
   ① 太 - 개   ② 首 - 머리   ③ 臣 - 땅   ④ 小 - 크다

3. 다음 한자의 총획이 바르게 연결된 것은 무엇입니까? ( )
   ① 毛 - 5획   ② 臣 - 6획   ③ 非 - 7획   ④ 首 - 8획

🐦 다음 보기에서 알맞은 한자어(漢字語)를 찾아 쓰시오.

| 보기 | 土　木　小　犬　臣 |

4. 우리나라 땅 (　) 은 바다로 둘러싸여 있습니다.

5. 내 동생 손은 작고 (　) 귀엽습니다.

6. 신하 (　)들이 임금님께 인사를 드립니다.

🐦 다음 어원(語原)에 해당하는 한자(漢字)를 줄로 이으시오.

7. 새가 하늘을 날아 오르는 모양을 본 뜬 글자입니다.　●　　　●　㉠ 非

8. 새의 날개가 엇갈려 있는 모양을 본 뜬 글자입니다.　●　　　●　㉡ 不

🐦 다음 뜻을 보고 알맞은 한자어(漢字語)를 찾아 번호를 쓰시오.

9. '살아있는 나무'를 나타내는 한자어는 무엇입니까? (　　)

　① 生土　　② 生手　　③ 生水　　④ 生木

10. '아홉 마리의 소 가운데 박혀있는 하나의 털'이라는 뜻을 가진 한자어는 무엇입니까? (　　)

　① 九牛一毛　　② 九犬一毛　　③ 九馬一毛

🐦 다음 글을 읽고 (　　)안에 한자어(漢字語)의 음(音)을 쓰시오.

신나는 土(11.　　)요일, 온 가족이 나들이를 갑니다. 숲 속 木手(12.　　)아저씨가 만든 것 같은 작고(小(13.　　)) 예쁜 통나무집에서 즐거운 시간을 보냅니다. 마당에 있는 개 (犬(14.　　))도 신이 나서 꼬리를 흔듭니다.

친구들을 집으로 보내주세요

동물 친구들이 새집으로 이사 왔어요.
그런데 집들이 다 비슷하네요.
집에 걸려있는 문패를 보고 동물 친구들의 집을 찾아 선으로 연결하세요.

1단계 기본한자 색인

뒷동산 할미꽃
한 번 밖에 명령을 못하는 임금님

한자	음	훈	쪽수
犬	견	개	119
工	공	장인	97
九	구	아홉	90
口	구	입	19
金	금, 김	쇠, 성	53
己	기	몸	21
女	녀	계집, 여자	12
老	로(노)	늙을	81
大	대	큰	88
力	력(역)	힘	59
馬	마	말	61
母	모	어머니	15
毛	모	털	118
木	목	나무	114
目	목	눈	57
門	문	문	89
米	미	쌀	43
白	백	흰	42
百	백	일백	34
夫	부	남편	39
父	부	아버지	14
不	불, 부	아닐	110
非	비	아닐	111
四	사	넉	73
士	사	선비	52
山	산	메, 산	98
三	삼	석	72
生	생	날, 살	32
石	석	돌	96
小	소	작을	108

한자	음	훈	쪽수
手	수	손	40
水	수	물	33
首	수	머리	115
示	시	보일	95
臣	신	신하	109
身	신	몸	23
心	심	마음	22
十	십	열	91
羊	양	양	18
魚	어	물고기	38
五	오	다섯	76
牛	우	소	60
月	월	달	80
六	륙(육)	여섯	77
二	이	두	71
耳	이	귀	56
人	인	사람	58
一	일	하나	70
日	일	날, 해	35
子	자	아들	13
自	자	스스로	20
田	전	밭	51
足	족	발	41
千	천	일천	94
川	천	내, 개울	99
七	칠	일곱	78
太	태	클	116
土	토	흙	117
八	팔	여덟	79
火	화	불	50

🔺 가나다 순

동의어

동음이의어

사자성어

반의어

동의어(同意語) 뜻이 같은 한자

己 (몸 기)─○ ─○ 身 (몸 신)

非 (아닐 비)─○ ─○ 不 (아닐 불, 부)

동음이의어(同音異義語) 음이 같고 뜻이 다른 한자

目 (눈 목)─── 木 (나무 목)

父 (아버지 부)─── 夫 (남편 부)

士 (선비 사)─── 四 (넉 사)

手 (손 수)─── 水 (물 수)─── 首 (머리 수)

身 (몸 신)─── 臣 (신하 신)

耳 (귀 이)─── 二 (두 이)

日 (날 일)─── 一 (한 일)

子 (아들 자)─── 自 (스스로 자)

千 (일천 천)─── 川 (내 천)

사자성어(四字成語)

三三五五(삼삼오오) : 三(석 삼) 五(다섯 오)
  서넛 또는 대여섯이 짝지어 다님.

身土不二(신토불이) : 身(몸 신) 土(흙 토) 不(아닐 불) 二(두 이)
  '몸과 흙은 둘이 아님'으로, 자기 땅에서 나는 농산물이 몸에 좋다는 말

耳目口鼻(이목구비) : 耳(귀 이) 目(눈 목) 口(입 구) 鼻(코 비)
  '귀·눈·입·코'로, 얼굴 생김새를 말할 때 쓰는 말

九牛一毛(구우일모) : 九(아홉 구) 牛(소 우) 一(한 일) 毛(털 모)
  매우 많은 가운데서 극히 적은 것을 뜻할 때 쓰는 말

반의어(反意語) / 상대어(相對語) 뜻이 반대(상대)되는 한자

大(큰 대) ↔ 小(작을 소)

父(아버지 부) ↔ 母(어머니 모)

山(메 산) ↔ 川(내 천)

水(물 수) ↔ 火(불 화)

手(손 수) ↔ 足(발 족)

心(마음 심) ↔ 身(몸 신)

女(여자 여) ↔ 男(남자 남)

日(날 일) ↔ 月(달 월)

1

수행평가

16쪽
1. ㄴ 2. ㄱ 3. 여자(계집), 여 4. 아들, 자 5. 아버지, 부
6. 어머니, 모 7. 여자 8. 부모 9. 女, 女 10. 子, 子

24쪽
1. ㄴ 2. ㄱ 3. 스스로, 자 4. 몸(자기), 기 5. 마음, 심
6. 몸, 신 7. 자기 8. 심신 9. 口, 口 10. 身, 身

단원평가

26쪽
1. ④ 2. ① 3. ④ 4. 父母 5. 女子 6. 心身 7. ㄴ
8. ㄱ 9. ③ 10. ② 11. 부모 12. 자기 13. 여자 14. 심신

2

수행평가

36쪽
1. ㄴ 2. ㄱ 3. 날(살), 생 4. 물, 수 5. 일백, 백
6. 날(해), 일 7. 생수 8. 백일 9. 生, 生 10. 水, 水

44쪽
1. ㄴ 2. ㄱ 3. 지아비(남편), 부 4. 손, 수 5. 발, 족
6. 흰, 백 7. 자족 8. 수족 9. 白, 白 10. 夫, 夫

단원평가

46쪽
1. ② 2. ④ 3. ③ 4. 百日 5. 生水 6. 自足 7. ㄱ
8. ㄴ 9. ③ 10. ② 11. 생일 12. 수족 13. 백미 14. 생수

3

수행평가

54쪽
1. ㄱ 2. ㄴ 3. 불, 화 4. 밭, 전 5. 선비, 사
6. 쇠금, 성 김 7. 화전 8. 김(금) 9. 火, 火 10. 士, 士

62쪽
1. ㄴ 2. ㄱ 3. 귀, 이 4. 눈, 목 5. 사람, 인
6. 힘, 력(역) 7. 이목 8. 인력 9. 人, 人 10. 牛, 牛

단원평가

64쪽
1. ① 2. ③ 3. ② 4. 火田 5. 牛馬 6. 人力 7. ㄱ
8. ㄴ 9. ③ 10. ④ 11. 우마 12. 화전 13. 이목 14. 인력

74쪽	1. ㉡	2. ㉠	3. 하나(한), 일	4. 둘(두), 이	5. 셋(석), 삼
	6. 넷(넉), 사	7. 일, 이	8. 삼, 사	9. 三, 三	10. 四, 四
82쪽	1. ㉡	2. ㉠	3. 달, 월	4. 늙다(늙을), 로	5. 일곱, 칠
	6. 여덟, 팔	7. 오월	8. 칠월	9. 老, 老	10. 月, 月
84쪽	1. ③	2. ②	3. ④	4. 四月	5. 老人	6. 老母	7. ㉡
	8. ㉠	9. ②	10. ③	11. 오월	12. 팔일	13. 일생	14. 노인

92쪽	1. ㉠	2. ㉡	3. 큰, 대	4. 문, 문	5. 아홉, 구
	6. 열, 십	7. 대문	8. 구십(90)	9. 大, 大	10. 門, 門
100쪽	1. ㉡	2. ㉠	3. 일천 천	4. 보이다(보일), 시	5. 돌, 석
	6. 장인, 공	7. 석공	8. 산천	9. 示, 示	10. 山, 山
102쪽	1. ①	2. ④	3. ①	4. 石工	5. 山川	6. 大門	7. ㉠
	8. ㉡	9. ④	10. ③	11. 천	12. 석공	13. 산천	14. 대문

112쪽	1. ㉡	2. ㉠	3. 작다(작을), 소	4. 신하, 신	5. 아닐, 불(부)
	6. 아닐, 비	7. 소신	8. 불	9. 不, 不	10. 非, 非
120쪽	1. ㉡	2. ㉠	3. 머리, 수	4. 클, 태	5. 털, 모
	6. 흙, 토	7. 토목	8. 양모	9. 首, 首	10. 太, 太
122쪽	1. ③	2. ②	3. ②	4. 土	5. 小	6. 臣	7. ㉡
	8. ㉠	9. ④	10. ①	11. 토	12. 목수	13. 소	14. 견

214字 부수(部首) 일람표

1획

一	한 **일**
丨	뚫을 **곤**
丶	점 **주**
丿	삐칠 **별**(삐침)
乙(乚)	새 **을**
亅	갈고리 **궐**

2획

二	두 **이**
亠	머리 **두**(돼지머리 **해**)
人(亻)	사람 **인**(인변)
儿	어진사람 **인**
入	들 **입**
八	여덟 **팔**
冂	멀 **경**(멀경몸)
冖	덮을 **멱**(민갓머리)
冫(氷)	얼음 **빙**(이수변)
几	안석 **궤**(책상궤)
凵	입 벌일 **감**(위터진 입 **구**)
刀(刂)	칼 **도**(선칼 도)
力	힘 **력**
勹	쌀 **포**
匕	비수 **비**, 숟가락 **비**
匚	상자 **방**(터진 입 **구**)
匸	감출 **혜**(터진 에운 담)
十	열 **십**
卜	점 **복**
卩(㔾)	병부 **절**(마디 절)
厂	굴바위 **엄**, 민엄 **호**, 언덕 **한**
厶	사사로울 **사**(마늘 모)
又	또 **우**, 오른손 **우**

3획

口	입 **구**
囗	에울 **위**(큰입 **구**)
土	흙 **토**
士	선비 **사**
夂	뒤져 올 **치**
夊	천천히 걸을 **쇠**
夕	저녁 **석**
大	큰 **대**
女	여자 **여**
子	아들 **자**
宀	집 **면**(갓머리)
寸	마디 **촌**
小	작을 **소**
尢(尣)	절름발이 **왕**
尸	주검 **시**
屮	싹날 **철**(풀 초)
山	메, 산 **산**
巛(川)	내 **천**(개미허리)
工	장인 **공**
己	몸 **기**
巾	수건 **건**(헝겊 건)
干	방패 **간**
幺	작을 **요**(어릴 요)
广	바위집 **엄**(엄 호)
廴	길게 걸을 **인**(민책받침)
廾	손 맞을 **공**(스물 입)
弋	주살 **익**
弓	활 **궁**
彐(彑)	돼지머리 **계**(터진가로 **왈**)
彡	터럭 **삼**(삐친 석 삼)
彳	두인 **변**(조금 걸을 척)

4획

心(忄)	마음 **심**(심방변)
戈	창 **과**
戶	지게 **호**(문 호)
手(扌)	손 **수**(재방변)
支	지탱할 **지**
攴(攵)	칠 **복**(등글월 문)
文	글월 **문**
斗	말 **두**
斤	도끼 **근**(날근변)
方	모 **방**
无(旡)	없을 **무**(이미 기)
日	날 **일**
曰	가로 **왈**
月	달 **월**
木	나무 **목**
欠	하품 **흠**
止	그칠 **지**
歹(歺)	뼈앙상할 **알**(죽을사변)

殳	몽둥이칠 수(갖은등글월 문)		**6획**
毋	말 무, 없을 무		
比	견줄 비	竹	대 죽
毛	터럭 모	米	쌀 미
氏	성씨 씨(각시 씨)	糸	실 사(실 멱)
气	기운 기	缶	장군 부
水(氵)	물 수(삼수변)	网(罒)	그물 망
火(灬)	불 화	羊(⺸)	양 양
爪(爫)	손톱 조	羽	깃 우
父	아버지 부(아비 부)	老(耂)	늙을 로
爻	사귈 효(점괘 효, 본받을 효)	而	말 이을 이
爿	조각널 장(장수장변)	耒	쟁기 뢰
片	조각 편	耳	귀 이
牙	어금니 아	聿	붓 률
牛(牜)	소 우	肉(月)	고기 육(육달월변)
犬(犭)	개 견(개사슴록변)	臣	신하 신
		自	스스로 자
5획		至	이를 지
		臼	절구 구(확구)
玄	검을 현	舌	혀 설
玉(王)	구슬 옥(임금 왕)	舛	어그러질 천
瓜	오이 과	舟	배 주
瓦	기와 와	艮	그칠 간
甘	달 감	色	빛 색
生	날 생	艸(艹)	풀 초(초두)
用	쓸 용	虍	범 호, 범가죽무늬 호
田	밭 전	虫	벌레 충
疋	발 소(짝필변)	血	피 혈
疒	병들 녁(병질 엄)	行	다닐 행
癶	걸을 발(필발머리)	衣(衤)	옷 의
白	흰 백	襾(西)	덮을 아
皮	가죽 피		
皿	그릇 명		**7획**
目	눈 목		
矛	창 모	見	볼 견
矢	화살 시	角	뿔 각
石	돌 석	言	말씀 언
示(礻)	보일 시	谷	골 곡
禸	짐승 발자국 유	豆	콩 두
禾	벼 화	豕	돼지 시
穴	구멍 혈	豸	벌레 치, 해태 치
立	설 립	貝	조개 패
		赤	붉을 적
		走	달아날 주

7획

足(⻊) 발 족
身 몸 신
車 수레 거, 수레 차
辛 매울 신
辰 별 진, 날 신
辵(辶) 쉬엄쉬엄 갈 착(책받침)
邑(⻏) 고을 읍(우부방)
酉 닭 유
釆 분별할 변
里 마을 리

8획

金 쇠 금, 성 김
長(镸) 긴 장
門 문 문
阜(⻖) 언덕 부(좌부방)
隶 미칠 이
隹 새 추
雨 비 우
青(靑) 푸를 청
非 아닐 비

9획

面 낯 면
革 가죽 혁
韋 가죽 위
韭 부추 구
音 소리 음
頁 머리 혈
風 바람 풍
飛 날 비
食(飠) 밥 식
首 머리 수
香 향기 향

10획

馬 말 마
骨 뼈 골
高 높을 고
髟 머리 늘어질 표(터럭발 삼)

鬥 싸울 투
鬯 울집 창
鬲 오지병 격
鬼 귀신 귀

11획

魚 물고기 어
鳥 새 조
鹵 소금밭 로
鹿 사슴 록
麥 보리 맥
麻 삼 마

12획

黃 누를 황
黍 기장 서
黑 검을 흑
黹 바느질 치

13획

黽 맹꽁이 맹
鼎 솥 정
鼓 북 고
鼠 쥐 서

14획

鼻 코 비
齊 가지런할 제

15획

齒 이 치

16획

龍 용 룡
龜 거북 귀(구)

17획

龠 피리 약

1단계 기본한자 판별지

學校　　　學年　　　班　　　姓名

 뒷동산 할미꽃

한 번 밖에 명령을 못하는 임금님

자	훈(뜻)	음(소리)	字	訓	音	자	훈(뜻)	음(소리)	字	訓	音
一	한	일	父	아버지	부	手	손	수	小	작을	소
二	두	이	母	어머니	모	足	발	족	不	아닐	불,부
三	석	삼	女	여자	녀(여)	耳	귀	이	老	늙을	로(노)
四	넉	사	子	아들	자	目	눈	목	口	입	구
五	다섯	오	自	스스로	자	人	사람	인	毛	털	모
六	여섯	륙(육)	己	자기	기	力	힘	력(역)	門	문	문
七	일곱	칠	心	마음	심	石	돌	석	夫	사내	부
八	여덟	팔	身	몸	신	工	장인	공	非	아닐	비
九	아홉	구	日	날, 해	일	白	흰	백	士	선비	사
十	열	십	月	달	월	米	쌀	미	生	날	생
百	일백	백	火	불	화	牛	소	우	首	머리	수
千	일천	천	水	물	수	犬	개	견	示	보일	시
山	메, 산	산	木	나무	목	馬	말	마	臣	신하	신
川	내	천	金	쇠, 성	금,김	羊	양	양	魚	물고기	어
田	밭	전	土	흙	토	大	큰	대	太	클	태

1단계

기본한자 판별지

자	훈(뜻)	음(소리)	字	訓	音	자	훈(뜻)	음(소리)	字	訓	音
一			父			手			小		
二			母			足			不		
三			女			耳			老		
四			子			目			口		
五			自			人			毛		
六			己			力			門		
七			心			石			夫		
八			身			工			非		
九			日			白			士		
十			月			米			生		
百			火			牛			首		
千			水			犬			示		
山			木			馬			臣		
川			金			羊			魚		
田			土			大			太		

자	훈(뜻)	음(소리)	字	訓	音	자	훈(뜻)	음(소리)	字	訓	音
	한	일		아버지	부		손	수		작을	소
	두	이		어머니	모		발	족		아닐	불.부
	석	삼		여자	녀(여)		귀	이		늙을	로(노)
	넉	사		아들	자		눈	목		입	구
	다섯	오		스스로	자		사람	인		털	모
	여섯	륙(육)		자기	기		힘	력(역)		문	문
	일곱	칠		마음	심		돌	석		사내	부
	여덟	팔		몸	신		장인	공		아닐	비
	아홉	구		날, 해	일		흰	백		선비	사
	열	십		달	월		쌀	미		날	생
	일백	백		불	화		소	우		머리	수
	일천	천		물	수		개	견		보일	시
	메, 산	산		나무	목		말	마		신하	신
	내	천		쇠, 성	금.김		양	양		물고기	어
	밭	전		흙	토		큰	대		클	태

집필진	양혜순* (전 서울상지초등학교)	양복실 (전 서울상신초등학교)

*표시는 집필 책임자임

심의진 경기도교육청 인정도서심의회 위원

이종미* (샘모루초등학교)	오성철 (서울교육대학교)
이경호 (고려대학교)	김진희 (함현초등학교)
이용승 (성사초등학교)	이호석 (임진초등학교)
이소영 (안산원곡초등학교)	최하나 (정왕고등학교)

*표시는 인정도서심의회 심사위원장임

감수진

고상렬 (전 교문초등학교)	김득영 (전 능길초등학교)
임재범 (영광여자고등학교)	신용배 (전 장파초등학교)

편집 디자인 VISUALOGUE

삽화 이문정, 수아, 이수정, 유희준

교육부의 위임을 받아 경기도교육청에서 2021년 인정·승인을 하였음.

초등학교 **생각의 나이테 초등한자 1단계**

초판 발행	2021. 3. 1.
5쇄 발행	2025. 1. 2.
지은이	양혜순 외 1인
발행인	글샘교육(주) 경기도 광명시 일직로 43, A동 2104호(일직동, GIDC)
인쇄인	주)타라티피에스 경기도 파주시 상지석길 245 (상지석동, (주)타라)

이 교과서의 본문 용지는 우수 재활용 제품 인증을 받은 재활용 종이를 사용했습니다.
교과서에 대한 문의사항이나 의견이 있는 분은 교육부와 한국교과서연구재단이 운영하는 교과서민원바로처리센터
(전화: 1566-8572, 웹사이트: http://www.textbook114.com 또는 http://www.교과서114.com)에 문의하여 주시기 바랍니다.

이 도서에 게재된 저작물에 대한 보상금은 문화체육관광부장관이 정하는 기준에 따라
사단법인 한국복제전송저작권협회(02-2608-2800, www.korra.kr)에서 저작재산권자에게 지급합니다.

내용관련문의 : 한자교육평가원 (경기도 광명시 일직로 43, A동 2104호(일직동, GIDC))
개별구입문의 : 홈페이지 주소 www.gsedu.co.kr 02-549-1155 한자교육평가원